親をおりる

「ひきこもり」支援の現場から

明石紀久男

Kikuo Akashi

彩流社

まえがき——本人に悩みを返す

ひきこもっている人「その人」が何を望んでいるのか。実は本人もわからなくなっているということも多い。それを勝手に決め付けることは間違いだろう。

つい「問題」に目を奪われて、頭が勝手に「解決」という幻想に向けて、妄想を始めてしまう。その時「わたし」は「その人」の気持ち・想いに触れていない。

「問題」を「解決」したい、「わたし」になっている。

「問題」に向かうのは「その人」の気持ちの在り様にあるのに、そのことをすっかり忘れて、問題解決のための制度や方法、段取りを考え始め、「わたし」は「その人」から遠く離れてしまっている。

そして多くの場合、「わたし」はそのことに気付いていない。

「わたし」が善かれと思う方向は「わたし」が置かれている状況・環境・関係の中で感じ、考えている「善かれ」であって、「その人」にとっての「善かれ」からは程遠く、「わたし」の価値観、つまりものの見方を押し付けるものになってしまっている。

本人が、現在のひきこもり状態を続けることをしっかり肯定して、そのためにどうすることが必要なのかを一緒に考える。

「わたし」は悩みを本人にきちんと返し、何をどうしたいのか、どう生きたいのか、どう悩み、迷い、いまどこに在るのかをじっくり聴き込み、教えてもらえる関係をつくることができるのか。

悩む「あなた」と生き合おうとする存在であるのかを、「わたし」は問われることになる。私は、現在の時代と社会の在り様に苦しむ人たちとの出会いとかかわりの中で、どうしてこんなに辛く、苦しいことになってしまっているのかを考えずにはいられない。抗えない大きな力、流れの中でいま、ここにたどり着いている。少なくとも身近な家族・同伴者の気持ち・想いを大切に感じ、考えながら暮らしをつくり生きることができてきたのか。

わたしが大切にしたいと思っていて、大切にできないで来てしまったもの・こと、それは、理屈ではなく「気持ち・想い」だったのではないか。

国家のしばりの強かった時代から、企業・資本主義経済が力を持つようになった時代・社会への変化。しばりがゆるんで「自由であること」が標榜されるようになり、「家族」の力が強まったのか弱まったのか、核家族化といわれる生活スタイルや高速化する生活のリズムに必死についていこうとする努力をしてくる中で、実はあなたやわたしは大切にしたかった「もの・こと」を置き去りにして来てしまった。

男は外へ出て稼ぎ、女は子を産み子育ての責任を持たされる。男女の役割分業が強く求められてきた時代・社会でもあった。自由な、幸せな、嬉しい、楽しい人生を望み、求めていたはずなのに、なぜかすれ違う。

そこに大きな行き違いがあるのだ。八〇五〇（はちまるごーまる）世代、七〇四〇（ななまるよんまる）世代の行き違い。親として務め、子として務めてきた世代。その中のひとり一人の気持ち・想いの行き違い。ものすごい勢いで変化してきた時代・社会の様相に、世代としてだけではなくひとり一人の個人としての在り様もバラバラになっていった。そうしてついていけなくなっていたものが、まったくといっていいほど放置されてきた。

翻弄されてきた家族が、仲間が、いがみあわされている、と感じる。わたしたちは社会的存在として「活躍」することが期待され、個人としての存在の「苦しさ、辛さ、痛さ」への共感を得られず、「気持ちも身体も」抱きしめてもらえることがなくなってしまった。世間では、「負けるな、頑張れ、やればできる」という叱咤激励の声が虚しく響くだけである。善い悪い、希望する、しないにかかわらず、そうした在り様が強く要請される社会構造・

体制である。

どこまで「他者に対する想い」があったのか。それがすっぽり抜け落ちてしまっている。お互いが寛容な気持ちになり、包容力を持って小さく少しずつ抱きしめ合っていくことが大切だ。他者があることによって「わたし」が成り立つのだから。

お手本は、年長の世代がおのおのの「わたし」を見つめた行いを始めることだ。命令され、させられてきた、と感じている子どもの前で、「そうするしかなかった」と理解を求めても、くすぶる不満が小さくなってはいかない。学校の選択も就職の選択も、アドバイスのつもりで実は親が決めてきた。「お前が選んだことを応援してきた」「自分が選んだことをしっかりやり通せ」と励ましてきたのだ、と親たちは言う。させられてきた側の気持ち・想いはどこかに吹き飛んで、させてきた側の気持ち・想いを押し付けている。

必要なのは子どもたちが語る言葉を、話を、聴くこと。「黙って」うなずいて聴けるか。「その時、そう感じていたんだね」「そういう想いだったんだね」という想いで聴けるか。「いや、あの時おまえはこう言ったじゃないか」と返したい気持ちがあったとしてもまずは受け取る、受け止める。そのことが必要なのだ。会話はキャッチボールに例えられる。投げられるとすぐ投げ返す。お互いの気持ちを理解するにはそのやり方は難しい。手紙でのやり取りを想像してほしい。

手紙なら、書いてあることに「口をはさまず」「そう考えているんだナ」と受け取る。理解して、納得して受け容れなければならないということではない。受け容れなくてもいい。しっかり読んで、受け止める。そして、受け止めたところを、きちんと返す。読んだ手紙の理解できたところを、返事する。そうでないところは改めて熟読すればいい。ここがキャッチボールと違うところである。

「まずは、聴いてもらいたい」ということが、聴いてもらえていない、わかろうとしてくれていない、と感じてきた子どもにとっては、このやりとりが元気の源になる。否定されてきた、無視されてきた自分が、受け止めてもらう努力をしてもらえた、と感じることができる。

これは世代間、親子の関係に限らない。夫婦だって、兄妹だって、あらゆる人間関係に共通することだ。わかろうとしてくれる、知ろうとしてくれることが、生きる意欲・勇気につながるのだ。

それは肯定され、認められて、「そのままのあなたが生きていていいんだよ」と言ってもらえたに等しいのだ。親子や夫婦や既存の関係を越えて、個人として「ひとりの人間同士」として対等に向き合えるようになること、なのだ。

だから「親をおりる」。親が「親」でいる限り、子は「子ども」でいなければならない。しかし、それでは「個人」に戻れない。親をおりて、立場や役割を手離して、個人に、ひとりの人間に戻る必要がある。そうすることで「息子」や「娘」も個人としてのかかわりを手に入れ、ひとりの人間として「自律」していけるのだ。

親御さんが望んでいる姿、そして支援者が望ましいと考える姿、どちらの在り様も、本人とはずれてしまっている。

ひきこもる、その人の「生きる」はその人そのものであり、誰かがどうにかできるものでも、どうにかすべきものでもない。

本人の「生きる」を、きちんと本人に返す。すべての選択は、本人がすることだ。


（本書のⅠは、親御さんや家族（養育者）、親族、そして支援者・援助者といわれる応援団、そしてひきこもる本人に向けて書かれています。Ⅱは、思いの残る出会いと同伴の記憶を書きました。）

目次◉『親をおりる――「ひきこもり」支援の現場から』

Ⅲ　印象深い質疑から

I

生き合おうとする人たちへ

親御さん世代の背景

八〇五〇問題といわれる「中高年齢化するひきこもる人とその親御さん」との問題に、私は深くかかわることになっている。

私は、時代と社会の変化・転換に大きく影響されて生きてきた。その視点から現在の八〇世代を見るとき、戦前・戦中・戦後の激動を生き抜いてきた姿が見えてくる。

二〇二〇年（現在）、八五歳の方は敗戦の時一〇歳、太平洋戦争開戦の時六歳だった。当時もし私が生まれていたとしたら、きっと「皇国少年」になっていたのではないかと思えるし、「学徒出陣」「特攻隊員」にあこがれていたのかもしれない。それが、十歳になった時、価値観がひっくり返った。「欲しがりません、勝つまでは」なんて言っていられない。欲しがらなければ食べられない。教科書はほとんどが墨で塗りつぶされていく。偉かった人が偉くなくなり、先生や大人の言うことが真逆になっていくのだ。社会や人間に対する不信はいかばかりだったことか。国家とか、大人とか、勝つとか、目の前の現実を信じていた子どもたちは茫然自失状態になっていただろう。

しかし、八〇世代はたくましい。今日食べるものがない状態の中、そうした人々であふれる中で、生き延びてきたのだ。夢や希望や、いままでの価値観の多くを投げ出してでも目の前の現実を生き延びる。目の前の現実を生きる、ということに絶大な自信が生まれているはずだ。

さらに、新しい時代、戦後民主主義の社会に順応しながら、資本主義経済における一大経済成長をやってのけてきた。欲しがること、求めること、そして消費することが最大の価値に変わった。「消費者は神様」になったのだ。世界第三位のＧＤＰ、経済大国日本をつくってきた。大量生産、大量消費、効率良く、画一化したものをつくる。それは日々の暮らしや子育ての中にも持ち込まれた。いまだに「成長」を語る人がいるが、成長とは「量」のこと。「量より質」と言われながら、未だにそのことに向き合えていない。

そんな時代と社会では、男女の役割分業も都合よく利用され、男たちがつくってきた社会だとひとり勝ちの手柄のように感じてきたのではないか。才能や能力を上手に生かすことのできた人たちも多かっただろう。しかし一方でどんどん電化されて便利になっていく生活・暮らしの中で、子育てと家事労働に封じ込められた女性たちもたくさんいた。子育ての「成功・不成功」が、まるで母親である女性の評価軸になるような価値観を生んできた。そして家庭に閉じ込められた女性（母親）と子どもたち。男の言う、お定まりの台詞がある。

「誰に食わせてもらっていると思ってるんだ」

未だに幽霊のように生きている。働き手、稼ぎ手と、子どもと家事担当者がバラバラに分断されて、「共同して暮らすこと」から、関係性が疎遠な時代・社会になっていったのではないか。それは、八〇五〇世代に限ったことではなく、現代を生きるおのおのの「わたしたち」に共通の時代・社会背景と言えるだろう。

そして公害などの矛盾を抱えながら経済成長の終焉を迎え、一九九〇年代のバブル崩壊と金融危機（リーマンショック）に至る。いびつな関係の中で維持されてきた家族、理解し合おうという「気持ち」を失い一方的な価値の押し付けの上に成り立った家族。貨幣という「絶対的価値」に抗う方策を持てない者は常に泣き寝入りをするか、逃げ出し、口をきかないという究極の選択しか許されない状況だ。「そとづらのイイ家庭」を装いながら、長い期間、維持・継続させられてきたのではないか。

話にならないから、話し合わない。面倒なことにしたくないからしゃべらない。これは「家庭」だけの問題ではなく生き合おうとする共同体、広く社会の問題だ。今日（きょう）が「わたし」にとって、都合のいい「平和」であればいいことにする。そんな日々の中で何が積み上げられてきたのか。不自然な在り様と、人間不信のかかわり合いの毎日。自分自身も信じられなくなるような姿が、ゆっくり、深く、わたしたちを蝕んできたのではないかと思う。

七五年の月日をかけて私たちが手に入れ、そして失ってきたものと、向き合う時が来ている。わたしたちの生き方の歴史を振り返り、これからの時代・社会をどんなものにすればば生き合っていけるのか、立ちどまって検証し、展望するときが来ている。

語り合えない「いのち」

整理してみると、親御さんが言うのは、「何でもいいから働いてほしい」「せめて自分の食べる分くらい稼いで」ということと、親が先に死ぬという現実への不安だ。年老いてきて、身体の具合も変わってきている。いつ倒れてもおかしくない。親亡きあと、どうなってしまうのかが心配だ……ということだ。

まず「働く」「稼ぐ」ということ。どちらも同じことのように考えているかもしれないが、「稼ぐ」というのはお金（貨幣）に「労働」を変える、ということ。これが一番ふつうに仕事をする、働いてほしい、ということの表現になっている。しかし、お金にならない「働き」というものもある。一番身近なものは家事労働だ。そしてボランティア活動と言われるものもお金にならない。被災地支援や、身近な町内、地域の草取りやお祭りの手伝いなどもある。つまり、「働く」とは「わたし」を生かすこと、「わたし」を充分に生きることだ。大切なのは「お金」にすることではなくて、「わたし」を生かすこと、「わたし」の「いのち」がうごめくまま̇う̇ご̇めかすことだ。そのことが「わたし」を知り、「働く」ということを知ることになるのだと思う。「働く」とは、もの・ことに働きかけることであり、働きかけられる、ことだ。働きかけることで、働きかえされる。私たちは常に、環境に働きかけ、働きかけられている。些細なことに見えるが、料理にしても、その材料や道具に働きかけることで、料理ができ、食事ができる。働きかけられたものたちによって料理されたものとして、私たちに戻ってくる。

外に出て、何でもいいからアルバイトでもしたらいいじゃないか。それぐらいできるだろう、と考えているし、口に出して言ってしまってもいる。しかし、そのためには、とても多くのもの・ことに働きかけ、働きかけられなければならないのだ。そもそも、大の苦手の他者とのかかわりを越えていかなければならない。そのことへの理解がほぼ欠落している。大切なのは、日常生活での「かかわり」を変えること、かかわり方が変わることだ。家の中の空気が変わるということ。話し合うことで、かかわりが変わる。

しかし現実は、子どもとのかかわりはもっぱら母親任せ。母親ももう諦めているし、面倒なことにしたくない。夫婦での言い争いや、まったくといっていいほど語り合わない「かかわり」の在り様。そんなことが当たり前になってしまった日常の中に埋没させられている。親たちの関係が変わることはなく、子どもの在り様の変化だけを求めている場合が多い。「私とあなた」が、かかわり方の見本を見せることは結局できていない。そのことを意識的になのか無意識的になのか、「だってしょうがないでしょ」「無理だってわかるだろ」と子どもたちに無理強いしている。そうされている子どもたちが、人と良い関係を、自信を持ってつくっていけるはずがない。「自信のなさ」を親は責めるが、自信をつけられる環境を提供できてきたのか、どこか誤魔化して、触れることを避けて逃げてきたのではないか。

子どもから見れば、母親は食事をつくり部屋に届けてまで食べさせてくれる存在である。反発があったとしても、生命の支えを提供してくれる存在として受け入れざるを得ない。実はその食事の提供に対しても、すべて食べなければならず、食べたくなくても食べたくないものでも、幼かった頃に好きだった、といった情報によって作られているものだったりして、もう辟易して飽きてしまっているということもある。それに気付かず、子どもの身体の健康のために最低限の「愛情」を注いでいる、と思い込んでいる場合も多い。父親はすべてをやりとげた圧倒的な成功者である。働き続け、稼ぎ、結婚し、子どもをもうけ、家族をつくり、自宅を持っていれば、それこそ完璧な勝利者である。何と言われようと、ひとつの反発も許さない存在である。

善かれと思ってしているのだが、その善かれは、自分にとっての免罪符としての善かれであって、相手を理解しようという気持ちに裏打ちされたものになっていない。私たちは、気付かないうちに、やり過ぎてきてしまったのではないか。たしかに、懸命に、生活することのために、精一杯やってきた。しかしそれは目の前に押し寄せる現実への対応に追われることに終始するばかりで、どう生きたいのか、何を想い、何を求めて生きているのか、といった、大切にされなければならないことを、「面倒なこと」として置き去りにして来てしまったのではないか。

さてもう一つ、親亡きあとへの心配だ。親がどれだけの財産を残せばわが子が周囲に迷惑をかけることなく人生をとげることができるか、と親の責任は自身の死後も親であり続けることであると思い込んでいる（思い込まされている）。

親の子として生きることを強要されて、個人として他者や地域・社会的資源とのかかわりをつくることができなくなる。

財産があることでかえって支援者につながるチャンスを失うことになるのだ。

母であること、父であること

母親の「何とかしたい」という気持ちは、「子どものために」と思っているというが、そうだろうか。心配しているのは母親であり、不安に思っているのは母親である。「何とかさせなければ」安心できない「わたし」がいるのだ。母親であることをおりて本人に本人の「生きる」を任せれば、安心して見守っていられるはずだ。

しかし、父親とは違い母親と子どもとの関係は長く深い。子どもの「面倒をみる」ことが、ずっと母親の仕事であり母親の「生きる」になってきた。子どもの存在なしには「わたし」を考えられない存在に、いつの間にかなってしまっている。それだけ大きな負荷が女性に、「母親という役割」に、覆いかぶせられてきた。ずっと逃げることの出来ない役割であったのだから、「おりる」なんて出来ない。

そんな「あなた」に敢えておりろと言うのは、あなたが大切にしてきた子どものためであり、母親であるあなたとその子どもたちが、あなたがあなたに立ち返ることで、素のひとりの「わたし」になれるから。あなたが「母親をおりる」ことによって、子どもとの関係も善いものになる。子どもも「子どもであること」から解き放たれるのだ。親と子としてではなく、ひとりのヒトとして、男として女として存在し合い、分かち合う関係の中で生きていくのだということが、いまのあなたの家族に抜け落ちているからだ。

さて父親、男たちはどうか。

「主人」と呼ばれ、世帯主となり、大黒柱と言われる。「あなたが在って、家族が在る」。大変なプレッシャーである。主人になり、父親にならなければならない。したいかしたくないかは問われることはなく、やらねばならない状況をつきつけられる。食べるため、生きるためには働かねばならない。何よりも経済を優先させなければならない状況と、「家庭」を持つことが押し付けられる。

「男は男らしくあらねばならない」。男は口数が少ない。男同士はもともと話さないものだ、という声をよく聞く。父親に子どもと話してきたかと問うと、「いや自分もそうだったが、父親というのは、家でほとんど口をきかなかった。そうだったでしょ」と返ってくる。

父親をおりると同時に「男をおりる」ことの難しさが加わる。父親をおりることで、男であることをおりることになってしまうような恐怖を抱いている。これは一体何なのか。男性は女性ほど家庭生活や子どもとのかかわりにリアリティーを持っていないために、そのぶん偉そうに振る舞っていなければならない。男たちは、実は誤魔化している自覚もどこかあり、大いなる不安の中に置かれている。社会的な存在として位置づけられた職場での立場を失えば、総てを失う。どこに「わたし」を生きる原点を持つのか。家族のために稼がなくてはならない。しかし、それが本当に自分のしたいことだったのか。もっと他にしたいことはあったはずだ。しかし家庭を維持し、国家の制度が限定する世帯主として果たさなければならない「責任」がある。選択した役割のようにして「男らしく生きる」ことを強要されている。そんな年上の「男たち」を見てきた世代は、先輩たちと同じようになりたいとは思っていない。つまり、見習うつもりがない。教えているつもりの年長者たちは、実はハブかれている。それが、ひきこもっていた青年の言葉に凝縮されている。

「全然幸せそうじゃない」

朝早く出掛けて、帰ってからもパソコンに向かう。食事をしながらパートナー（母親）の子育てなどなどの愚痴を聞かされ、空返事を繰り返し、またパソコンに向かう後ろ姿。

「あんな風に絶対なりたくない、と思った」と。

「毒親」という言われ方

この本の表題を考え、サブタイトルを付ける時に「ひきこもり」という言葉を入れるか、悩んだ。「ひきこもる人」、そしてその家族と支援者、というごく狭いとらえ方をされたくない、という気持ち・想いが動いた。

評論家の芹沢俊介氏がずっと言い続けてくれていることなのだが、「ひきこもり」という名詞は、ひきこもる、という状態にある人に向けて発せられるのは、不適切である。あくまでも「ひきこもる」という状態像であり、「あの人はひきこもりだ」といった、どこどこの村人だ、というのとは違うし、病気や障害を表す言葉でもない。いつの間にか「ひきこもり」という言葉が独り歩きしている。

実は「毒親」という言い方も独り歩きを始めている言葉だ。「親をおりる」という表題を聞いた方の中に、案の定「毒親」の話もたくさん出てくるんですかね、という反応があった。

精神科医の斎藤学氏は著書『「毒親」の子どもたちへ』（メタモル出版、二〇一五年）で次のように述べている。

「『毒親』という言葉は、スーザン・フォワードの「毒になる親」という著書で使われたのが初めてでしょう。自分の身に起こっている問題や悩みには、親との因果関係がある。子どもの人生を支配して、害悪を及ぼす親というものがいる。そうした、子どもの心身を蝕んでゆく親のことを『毒親』と命名しています」

「子どもの身に起こっている問題や悩みには、親との因果関係がある」というのは当然だ。どんな夫婦や家族の中に生まれてくるかは選べないし、一番身近な養育者（である親）からの影響を受けないわけがない。しかし、最近言われるような「毒親論」は、ひどい親、という言葉のかわりに使われているようなところがある。「子どもの心身を蝕んでいく親のこと」と言うが、子どもの心身を蝕みたいと望んだり、考えたりしている親（養育者）がいるだろうか。私には、結果的にそうなってしまった親たちの姿が目に浮かぶ。

子どもの心身を蝕みたい、と望んだり考えたりしたわけではないのだが、いつの間にかそうなってしまっていた。そうした親（養育者）たちは、自分自身が親（養育者）から受けた仕打ちについて語る。つまり、連鎖がある。ということは、歴史があるということだ。短い時空間の中でつくられてきたものではなく、長い時間と環境という空間、そこにあった「関係・かかわり」の中でつくられてきたものである、ということなのだ。

私が相談員を始めた二〇年程前の相談者に、中学にあがった娘が学校に行けなくなってしまっている、どうすればいいかわからない、という母親がいて、涙ながらに訴えた。夫との関係が上手くいっていない。何かと口論が始まり、家族の雰囲気が悪くなっている。自宅で自営業を営む夫の協力が得られないのが一番辛く、苦しい。そこにすべての要因があるのではないか、と訴えが繰り返し続いた。夫さんに会った。実に真面目そうな、実直な感じの方であったが、ただ寡黙で、多くを語らず、うなずきや照れ笑いを浮かべる、そんな面談になった。雄弁多言な奥さんに追い詰められているのだろうな、という雰囲気が感じられた。ご夫婦のどちらもがパートナーに対して不満を抱いていることは明らかだった。

私は雄弁に語れない、語りたくても語ることのできない夫への理解を深めることを妻である母親と共同してとりくもうと考えた。しかし、そんなに簡単ではない。男は大黒柱として一家を支えなければならない、という意識・想いの強さがある。ジェンダーバイアスが働いている。男、かくあるべし、というものが夫を寡黙にさせている。当時はそんなところにまで想い至らず、はざまに落ちている娘さんのためにどうするかばかりが、相談の中心になってしまっていた。

大切なことは何だったのか。

娘さんが充分に生きるために、母親である女性と、父親である男性が、おのおのの人生を充分に充実させて生きることが、大切だったはずだ。それは娘さんのためなのではなく、ともに生き合う人生を選んだ男と女が、おのおのの「生きる」を精一杯生き合うために必要なのだ。攻撃し合うのではなく、助け合い、頼り合い、許し合い、支え合う。そのことを通して生き合っている実感を手に入れること、そのことが次の世代の「生きる」につながるのだ。

原因探しをして、悪者づくりをすることには、意味がない。仲間として、力を合わせて生き合うことだ。そのためにどうするのか。そのために何が必要で大切なのか。そのことを考える場に全員が参加する。そしておのおのの充分な「生きる」を手に入れる。充実した充分な「生きる」を手に入れるための仲間として。

「毒親」は存在できない。親と子であることを手離し、ひとりの人間どうしとして共同することなのだ。

かかわりの原点は共感

本人からも連絡がなくなる。

本人が私と面談するようになると、親御さんからの相談や連絡がなくなる。もう「外に出た」「誰かにつながった」からいいということになるのだろうか。もともと、本人の問題で、本人が「自助・自力」で問題の解決を計ってくれればいい、と考えているのだろう。結局、問題は「ひきこもる本人の問題」であって、私たちの問題ではない、と、どこかでそうしたい、そう考えたい親御さんや周囲の考え方があるのだ。だから本人も、何とかできる状況になればそれで良くて、私たちとは関係が切れる。切りたいと思っているわけではなく、本人たちは、これ以上、迷惑をかけずに、何とかやり切ろうとしているに違いない。そうは思うのだが、そこに貧しい関係づくりの歴史を垣間見ることになる。

一緒に生きていること、生き合っていることへの遠慮を感じる。そう感じさせてきた「家」「世間」との関係の重さを痛感させられる。他人(ひと)任せにしているつもりも、他人(ひと)の気持ちを無視しているつもりもないのだ。だが「無視」している。それは「無視」されてきた歴史が裏付けている。大切にされてこなかったものを、大切にできない。気付かない。どうしたらいいかわからない。迷惑をかけたくない。だから余計な連絡はしない。振り返らず、立ち止まって足踏みせず、次に進む。前向きに。後退などもってのほか。

　そこには慣れ親しんだ「使い捨て」の考え方の支えがある。必要なとき、必要なものを必要なだけ利用する。それが済んだら、さっさと捨てる。後生大事に抱え込み、持ち続けるなど、この消費社会にそぐわない。利用して、使い終わったら捨てるのだ。そんな大量生産・大量消費の文化の中で、実は「わたし」も使い捨てられていく。使い捨てているつもりの「わたし」が、めぐりめぐって「わたし」を使い捨てている。現在(いま)わたしたちは、そんな社会に立ち至っているのだ。

　心配してくれているかもしれない人に、電話一本、メール一通の「交歓」ができない。迷惑をかけることの大切さ、余計なことの大切さというものがある。そこに、生き合うための「交歓」がある。「おはよう」と声をかけることに何の意味があるのか。「今日は暖かいね」と言うことにどんな意図があるのか。なにもありやしない。生き合うあなたとわたしが、無事であることの「交歓」だけだ。そこに在るのは、自然な「交わりの歓び」なのだ。それを近代という時代が合理的であることを求めるあまりに失ってきた。ヒトがヒトである「自然な在り様」を失わせてきたのだ。

かかわりの原点は、「共感すること」にある。「あー、わかるわかる」というのは共感ではない。そんな簡単にわかるはずがないのだから。簡単にわかられてたまるか、とも思う。「あなた」と「わたし」の生きる大変さは、諸々に長い歴史と背景を持ったもの。その人にしかわからない歓びや苦しみ、くすぐったさや痛みがある。簡単にわかってはいけないのだ。「共感」とは、わかること、理解することではない。

ある精神科医が「メイク・センス（make sence）」することだ、と話してくれたことがある。自分の中に、相手の感じている感覚を体験することだ、と。それは、他人事としてではなく、我が事として感じてみることだ。理解する、わかる、というのは他人事だ。哲学者の内山節氏が、理解することは不可能であり、できるのは「諒解（りょうかい）すること」だと、語っている。「諒解する」とは、あるがまま、そのままを受け取る、ということ。「あるがままを認め、受け取る」

難しいことでも、できるようにする。そのための飽くなき挑戦にいどむ。そう教えられてきたし、そのための努力を叱咤激励されて強いられてきた。それを大逆転、不自然を自然に戻す作業である。

あるがまま
できないことはできなくていい。
あるがまま
できることはどんどんすればいい。
あるがまま
したくないことはしなくていい。
あるがまま
したいことは思い切りやりたいだけしたらいい。
自然は、雨を降らせ大きな恵みを与えてくれる。しかし時として洪水を起こしたり、干ばつになってしまったりする。あるがまま、それを受け入れるしかない。わたしたちに出来ることなど、たかが知れている。人工化して、人間が人間のための社会をつくることに向かい過ぎて、自然のひとかけらとしての存在であることを忘れてきた結果が、現在(いま)わたしたちにつきつけられているのだ。あるがままに、あるがままを受け入れる力（感じること、知ること、行うこと、かかわりに生きること）を取り戻す時に来ているのだ。
共感の根っこは「あるがまま」、自然であることを受け入れることにある。

あめふり

葉っぱたちが
おしゃべりしている
あっちでも　こっちでも
あーでもない　こうでもない
楽しそうにわらって

新緑の日の　あめふりは　あきない
陽がさして　お天気あめになった
緑のもりが　銀色にかわり　うなずきあう
輝くもりが　よろこびを　はこぶ

醸し出され、滲み出されるもの

信頼関係をつくることが、まず支援の入り口であると言われる。しかし、信じるとは、ゆる〜く、ほんわかとボンヤリと、いいかナ、と感じられることから始まる。「わたし」を信じることに悪戦苦闘しているのに、「信頼関係の形成」こそが支援の入口だといわれても、「はい、わかりました」とできることではない。それこそ簡単に信じて欲しくない。信じられなくなれば裏切られたとなる。あなたの「信じる」に「わたし」は応えられるのか。裏切るかもしれない。全面的に信じるなんて、やめてほしい。私も私を信じることができていないのだ。悩み、迷い、不安と恐怖の中にあなたと同じように在るのだ。

人の役に立つ、あてにされることへのあこがれや、歓びを感じたい気もする。しかし、たとえばいつでも、どんな状態でも、電話に出られるわけじゃない。あてにされてもへたばって、出たくない、出られないことだってある。「わたし」が常に「あなた」の要求に応えることは不可能である。出たくない気分の時は、電話に出ない。つまりありのままの「わたし」で在ることが大切で、それはお互いさま、である。そんなにあてにされても応

えられない。つまり「ありのまま」である。自分の「生きる」に正直であること。危うい
が、それしかできない。

はたらくことの原点。暮らし・家族であることの原点。生きること、わたしの原点。つまり「かかわり」の原点に立ち返ることが求められている。

わたしたちは日常的に「どうするか」に着目する。to do である。何がしたい、将来何になる？などがそうであり、何をするか、どうするつもりか、が問われ続ける。それは、何を為（な）すか、という問いでもある。しかし大切なのは、何をするか、ではなく、どういうヒトでありたいか、どんな生き方をしたいと思うか、なのであり、その気持ち・想いに寄り添う to be、そこにともに在ること、なのだ。あなたとその時、その場を共有し、そっとそこに在ることなのだ。いつの間にか、そんなつもりのないままに、成果を求める体質にさせられている。大切なのは、成果でも結果でもない。そっと気持ちがそばに寄り添って在ることとだ。

会っているのだが、出会えていない。だからこそ、再会のたびに出会い直していくことが必要なのだ。強くあることを求めて、弱いことを否定してきた。それでは出会えない。大切なのは弱さの中にある「わたし（たち）」を認め合い、互いの弱さを支え合う在り様だ。

叱咤激励することは誰にでもできるが、さらされ、表明される弱さに「そういうものだよ」「わたしにもそんなところがある」と共感し、強さもあるが弱さもあって当たり前、それが人として、自然なことだと弱さに共感し寄り添う。頼り合い、支え合い、人としての諒解を広げ深めて生きること、そのことが、身近に生き合う仲間たちに求められていることなのではないか。

信じるというのは、かかわりあいの中で、ともに揺れて生き合っていることを、認め合うことだ。同じように揺れて不安定に生き合っている、だから「信頼」できるのだ。正しいことを言うから、裏切らないから、信頼できるのではない。かかわりあいの中に「いのち」を見つけ、生き合おうとすることへの共感から信頼関係が紡ぎだされていくのだ。生きる姿から、醸し出され滲み出されるもの・ことの中に、信頼が生まれるのだ。

生き合おうとする姿から醸し出され、寄り添い、いま、ここに、ともに在ろうとすることから滲み出る気持ち・想いの中に信頼が生まれ育まれていくのだ。

「わたし」をひきうける

私のいう「ひきこもり」支援は、「ひきこもっている」状態の応援のこと。ひきこもっていることを決して否定しない。何か事情や理由があるはずだから。でも、あちこちで提案されている「ひきこもり支援」は、本人を現在の状態から変化させることを目的にした「ひき出し支援」になっている。

不登校も「ひきこもり」も、状態像だ。状態ということは、行動だから、「気持ちや想い」が変わらなければその行動が変わることはない。そうならざるを得なくて、あるいは本人が装ってそうしている状態だ。それを、「ひっぱり出して」状態を変えて「気持ち」を変えさせようとする。まったく真逆な、出鱈目な話だ。

「死にたい」と言う人に「死にたいなんて言わないで」とか「死んじゃダメだ」とか言うのではなく、「そうか、死にたくなっちゃっているのかぁ」と、本人の発する言葉に寄り添うことが大切なのだ。どんな場合も、状態も、その言葉も、行動の奥に、本人の「気持ち」や「想い」があることを受け止める態度が必要だろう。発した本人の「気持ち・想い」を決して否定してはいけない。

私にもこんな経験がある。「疲れたぁ」と言われたときに、「じゃあ休もうか」とか「水でも飲むか」と言ったら、「何かしてくれって言ってないよ。疲れたって言っているのを、そのまま受け取ってくれればいいんだ」。「わぁ、疲れた」って言えていることが大事で、黙って聴いてくれるヒトがいてくれることが大切なんだ、と。

「わたし」という存在は、科学的、つまり、論理的、理論的に整合性を持った存在なのではなく、ひどく感覚的、感情的な存在なのだ、と思う。つまり「自然な存在」だ、ということ。「自ずから」「然り」となる存在、なるようになる。なるようにしかならない存在、なのだ。

こうあるべき、そうするべき、というういわゆる「べき論」に犯されて懸命に努力してきた。何のためなのか、よくわからないまま、刷り込まれたのか、いつの間にか求められている、と思い込んだのか。本人にそんな意識はないが課してきて、いつの間にかもう駄目、担い切れない、と動けなくなってしまう。

気持ち・想いを上手く伝えることはひどく難しい。相手に「共振しよう」という構え、気持ち・想いがあってくれないと伝わらない。だからすべてが「言い訳」になる。せっせと「言い訳」づくりにいそしむ。そうするしかないので、したくてしているわけではない。

どこかつじつまが合っていないことは、本人にもわかっているのだが、そう「主張」する他にない。科学的でないことを科学的に「解説」しなければならない。だから時に、言葉にできず「暴力」になって周囲にあたる。物にあたる。フラストレーションとやり場のないイライラが、言葉で表現できなくなってしまって、身体で表現するしかなくなる。暴れれば怒られる。親への暴力、暴言、壁に穴をあける、物を壊す。やればやるほど、自責の念にかられる。どうにもならない悪循環になる。

そうなるのは、当然であり、とても「自然(じねん)」なことなのだ。人間という生き物が成るべくして成っている当たり前な姿だ。暴力を肯定するつもりはないが、現実として世界中に「暴力」が蔓延している。国家間や民族間の「紛争」や「差別」、「分断」も暴力だ。

そうした「暴力」があふれてきた時代・社会の歴史が、気持ちや想いといった人間の存在を支えて、最も深いところに在るものをないがしろにする生き方、生活を強いてきたことで、「現在」という状況がつくり出されたのだ。

ごくつまらない、くだらないことにしてきたこと・もののひとつ一つが、実はとても大切だったのだ、ということに気づく時に来ている。悩み、迷い、戸惑う、生き合う仲間たちの多くの時間と汗の中で聴いてもらえず、受け入れられず、非難され無視され、置きざりにされた「気持ち・想い」たちが、いま、訴えている。

私にとって、忘れられないできごとがある。

四年生になったら娘がお散歩やら出来る世話はすべてする、ということを条件に、スヌーピー（ビーグル犬）を飼うことを約束した。お願いしていたブリーダーさんから子犬が生まれ、いまならたくさんの中から選べると連絡があり、娘が小学四年生を目前にした正月元日、埼玉の飯能（はんのう）の山に出かけた。ブリーダーさんお勧めの人懐こく元気そうな子犬ではなく、人前に出ることが苦手な娘が選んだのは、他の子犬たちに踏んづけられて一番下で小さくなっていた子犬だった。

数ヶ月後、山荘に一緒に連れて車で移動することにしたのだが、渋滞もあるし、車に慣れていない子犬のことだ、クンクン、キャンキャン、運転する私のイライラがつのり、「うるさーい！　何とかしろ、静かにさせろ！」と、怒鳴ってしまった。泣き出した娘の声も重なり車の中は大騒動。イライラを爆発させてしまった父親、泣きじゃくる長女（小四）、連れ合いと膝の上の次女。ワンワンギャーギャー。そんな状態の中で少しずつ頭が冷えてきた私は、「まったく、仕様がない、だから預けてこようと言ったじゃないか！　それでも大丈夫、しっかりやると言ったのは誰なんだ！」とか何とか、思いめぐらせつつも、こんな状態で子犬を黙らせろ！と怒鳴るほうがおかしい、と思い始めた。

しかし、ここは父親の威厳を守るべきではないか、沽券にかかわる、今後のこともある、などなどと、二時間近く車を走らせたあと、路肩に車を止めて、ようやく言った。

「怒鳴ってごめんね。お父さんが間違ってた。無理だよね」

悩んだ末に謝った。長女は必死にやっていたのだ。その二時間の苦しかったこと。謝ってしまったあとのスッキリ感と楽チンさ。

「謝れない」わたし、との対決。同乗していたみんなに「謝ることができた」。大げさに思えるかもしれないが、いままでの「わたし」の中に巣食っていた「与えられた価値観」のようなものとの対決だったのだ。父親だとか、男だとか、どうでもいい、と観念できた瞬間だった。私が四〇歳の時で、父が亡くなった年齢である。いまさらながら情けない話だが、一つの大きな、何かの転換点だったように思う。

さてもうひとつ、子どもたちとの居場所を始めて遠足に行く日のこと。駅前に集合して、切符の手配や、まだ来ない子への連絡やら、という時に、小学一年生の隼君に話しかけられ、しゃがみ込んで話を聴き始めた。その時スタッフから切符について問われ、立ち上がって説明した。その時。「何だよ、ヒゲさん、無視かよ～」という声を聞いたのだ。ドキッとして汗ばんだ。とても大きな裏切り行為をしてしまった、と感じたのだ。「いや、いま切符…」と言いかけて「ごめん」としゃがみ、もう一度目を見て謝った。いま話したい、話しておかなくちゃ、と思った隼君の「気持ち、想い」を「無視」してしまった、というあの時の冷汗感が、いまでもスッと身体と気持ちに「復活」する。

気づかずに「無視」してしまっている。無視されることに慣れて、無視することに鈍感になってしまっていやしないか。信じることを忘れて、信じられなくなっていやしないか。願うこと、祈ることを忘れていないか。信じて待つ。信じて何を待つのか。私の思うようになるのを「待つ」のではない。本人が楽しく生きやすく望む生き方を手に入れるのを待つ。求めず、用意せず、ただ信じて待つ。生まれ持った「生きようとする力」が湧き立つのを待つ。「わたし」が「わたし」であろうとすることの邪魔をしていないか。社会的（世間的）価値、視点が先行してしまい、はたからどう見えるか、どう思われるかという「わたし」になっていないか。

すべての「わたし」が、「わたし」を自由に、自然に生きられる。そんな「わたし」同士として生き合える共同に向かいたい。

ひきこもり続けるための支援

ひきこもり続けるための支援というと、そんな馬鹿な！　陽にも当たらず、昼夜逆転し、ゴミとホコリの自室にこもる息子（娘）に、少しでも「人間らしい」生活をしてもらうために相談しているのに、いまの状態を善しとするなど、あり得ない、承服できない、と怒られてしまう。もう人間じゃない、獣のような臭いがしている。何か月も風呂に入らず、同じトイレが使えないほど臭い、と言われる。

一度も着替えず三年間、同じジャージですごしていた、というひきこもっていた本人についての話を親から聞いた時、そんなことまったく覚えていない、と本人は言った。考えてそうしていたわけではなく、ただその時はそうなっていただけ、と。

わたしたちは、自分のしている生活が普通であり、当たり前の在り様だ、と思っている。そしてどこか、わたしと違うものを、変だ、おかしいと思い、否定的・批判的に見てしまうところがある。特に外国籍につながる人々を見る目や感覚は特別になる。白人に対してはどこか上に見上げる感じがあり、そうでない人たちへは疑いと恐怖のまなざしがある。わからないものをわたしたちは怖がる。いつからの、どう植え付けられてきた、何ゆえの差別意識だろうか。

「わたし」や「あなた」が当たり前だ、と思っていることに疑問をもつことは大切だ。ひきこもる人への関心についても同じことが言える。彼らは特別な存在ではない。どこにでもいる当たり前な「普通」の存在だ。

不登校の子どもたちが出てき始めた頃、登校拒否症という病気だ、と言われた。「わたし」にとって都合が悪いと「病気」にしてしまう。「わたし」とは違うものとして分類して、違う世界に置いてしまうのだ。そうすることで「わたし」の平和は維持される。しかし「違う世界」など存在しない。「わたし」も「あなた」もどんな存在も現在ここの同じ時代・社会を影響し合いながら生き合っているのだ。

関係ないものなど、ひとつもない。

だから、ひきこもっているという状態も、肯定する。嫌悪し、拒否し、否定するのではなく、ともに苦しみ、現在を生き合う仲間として感じ考えていくことが必要なのだ。それは、ひきこもっている人に対することに限られたことではない。わたしたちは「わかろうとすること」をいつからか置き去りにして流して来てしまっている。わからないものを知り、わかろうとすることもせず「死刑」にして終わらせてしまう。何事もなかったかのように。ひきこもることがいいことだとか、人を殺めることも容認しよう、と言っているのではない。なぜその人が、そうせざるを得なかったのか、なぜそうした状態に追い詰められたのか、それは、その人だけの問題ではなく、わたしたちにも深くかかわることだ。なぜなら、現在を、同じ時代・世間を共同する社会を生き合っている仲間だからだ。

ひきこもっていることの肯定は、「わたし」の存在、「わたしの生きている」を引き受けることだ。悩み戸惑う「わたし」を引き受けること。否定して、引きずり出して「わたし」の価値の中に組み入れることが支援ではない。その本人の「生きる」を仲間として生き合うこと、本人の価値を本人が生きようとすることを応援することしかできないのだ。それ以外のことは、強制・強要であり、決してしてはならないことだ。

本人の「迷い」「戸惑い」に共感し、そばに在って、本人の「生きる捜し」に参加させてもらうこと、それが「ひきこもることを続けることへの支援」だ。そしてそれは「ひきこもり」支援に限られたことではない。

依存先を増やす

「依存」という言葉には、あまり良いイメージがない。辞書には「他（のもの）によりかかって（たよって）存在すること」とある。「自助・自己責任」が声高に語られる中で、真逆の「甘え」や「逃げ」を象徴する言葉になっている。アルコール依存や、薬物依存、ギャンブル、買い物などなど「依存」という言葉に向けられる視線には厳しいものがある。

私は自立という言葉を使わない。なぜなら「自立」には、自らひとりで立つという意味が強く表現されているように感じるから。自助・自己責任が強調される。

人はひとりでは立っていられない。頼り合い、助けてもらってやっと生きていられる存在だ。つまり自立するとは、しっかり頼ることのできる存在になることだ。

小児科医の熊谷晋一郎さんも同じように語っているが、自立するとは依存できるようになることである。自立ではなく「自律する」ことが大切なのだ。まさに、家族、中でも多くの場合、母親にしか依存できなくなってしまっている、ひきこもる人たち。その人たちがSOSを出して、かかわりたいと感じられる関係づくりをしていく。そのためにまず一番最初のかかわりづくりに踏み出すには、親御さんの協力が何よりも必要だ。なぜなら、彼らへのまなざしが、否定的なものから肯定的なものに変わらない限り、「否定の重石」を置かれた者は、身動きが取れない。いい、それで、そのままでいいのだ、と肯定されることなしに「家族」という個人的な世界から「共同・世間」という社会的世界につながっていくことは不可能だ。個人的世界での肯定的な雰囲気が、外に向かう、つまりそれは「わたしを生きる」ということに向かう出発点になっていくのだ。

「自律」とは「わたしを生きる」ことであり、「わたしがわたしを育てていく、創っていく」ことなのだ。用意されすぎた現在という時代を生きるこれからの世代は、準備され、用意されたものに合わせる、同調するだけでも大変な時代を生きなければならない。そんな中でさらに「わたし」を創っていかなければならない。それは、苦しいけれど楽しく面白い作業でもあるはず。どんどん助けを求め、頼り、寄りかかることを重ねて、そうしたかかわりの中に「わたし」を見いだしていく。「わたし」ってこんな人だったんだ、と感じ考え、捉え直しながら、出会いを重ねていく。楽しそうじゃないですか。そうした「正直なわたし」との出会いが、家族への依存から解放され、多様な他者（物）とのかかわりの中で獲得していける。依存先を増やして、広げる。

依存できる、というのはひとつの力だ。その意味では、まず親御さんが、ＳＯＳを出して相談をする。つまり親御さんが、依存する、他者を頼るという見本を見せてあげることに挑戦してほしい。家に外の風を入れる。

相談をするというのは、話し合いの練習だ。相談とは「相互談議」のことであり、話し合うということなのだ。相談する側とされる側という、教わる側と教える側のように考えられるが、本当は、決してそうではない。新たな話し相手、話し合える他者とのかかわりをつくるということだ。

行き詰まった関係の在り様をどう変えるか一緒に考えて知恵をもらう。いままでなかった新しいかかわりづくりに挑んでほしい。それが背中を見せることにつながると信じている。

立ちどまれない

立ちどまれない
悩み、戸惑い、迷う。

立ちどまれない
前のめり、せっかちにあせる

立ちどまれない
ゆっくり、じっくりできない
とりあえず、とりあえず

立ちどまれない
だから　見えない
見えないものが　もっと見えない

立ちどまれない
なにに　追われているのか
立ちどまれない
いつも　なにかにせかされて
何を　急いでいるのか　わからない

生き合うための合意づくり

「ふつう」といわれる人たちと違う自分を受け入れることは、大変な作業だ。「ふつう」にあこがれる。「ふつう」でない。「ふつう」でいたいのに「ふつう」でいられない、「わたし」が、ここにこうしていていい理由を見つけなければならない。現在の「わたし」を正当化できる理屈が必要になってくる。グルグルと悪戦苦闘しながら「捜し出す」か「つくり出す」か。

ひとつは「誰かのせい」にすることで悪いのは「わたし」ではないと主張して救われたいと願う。父・母・兄妹・友人・先生とかとかの「せい」、つまり、かかわりの歴史に責任を押し付けて、「現在」を肯定する。もちろん、事実として「いじめ」や虐待は深刻である。もしくは「病気である」と主張する。身体の「せい」。たしかに不調なのである。頭痛・腰痛・動悸・息切れ・めまい・吐き気・耳鳴り……。体調が悪い、気持ちが悪い、病気に違いない、と科学的な検査をするがどこにも「異常はない」という結果が出る。何科の医者を回っても「病気」のお墨付きは得られない。科学的に「わたし」の存在を裏付けてくれる証しが与えてもらえない。悲しい事態である。病気じゃなければ何なんだ。とりあえず、と処方してくれた薬の意味がよくわからないが服用すれど、作用どころか副反応のみでかえって気持ちが悪くなる。ボーっとして眠くなったりするだけに終わる。「病気でもないのにいつまで寝てるんだ」と非難される材料にしかならない。「言い訳」の支えになってくれない。

周囲は頭から否定してしまうことが多く、そのことによる不要な争いが生じている場合がたくさんある。その根っこには、これまでにつくられてきたかかわり（関係）がある。充分なかかわりと、関係をもち得なかった「家族、人々」の中での出来事なのだ。

さて、どう折り合いをつけていくのか。「生き合う」ための合意づくりをどうすすめるのか。その身体と「気持ち・想い」の歴史の在り様についてきちんと話し合う。そのこと自体が折り合いであり合意づくりなのだ。目をそむけず、きちんと向き合って語り合う。そのプロセスが大切であり必要だ。向き合うことから逃げていても、「関係」は変わっていかない。

私のこと——ちょっと長いプロフィール

私の父（一九一三～一九五三年）は医者で、私が三歳の時に、戦地でもらってしまったらしい風土病により四〇歳で亡くなりました。軍医として野戦病院をしょって中国戦線を転戦していたようです。残されたのは、三八歳の母と六人の子どもです。私は五番目の三男で、年子の妹がいます。

母から聞かされる父の話は、戦地での兵隊さんの治療の話や地元民への治療の話がほとんどでした。頭をケガした地元民の治療をしたが、数週間後、髪の毛にガーゼが一緒に入ってしまったままニコニコとお礼を言いに来た地元民がいたというエピソードが忘れられません。

「中国人も日本人も同じ人間です。人間同士が殺し合うことなどしないほうがいい」と語っていた父は、医師でカトリック信者でもあったので、きっと苦しかっただろうと思います。

母の口ぐせは、「お国のために死ぬことが素晴らしいことだ、とずっと教えられてきた。竹やりの練習もしたんだヨ。バカバカしいけど当時は真剣だったんだヨ」というものでした。

母子家庭で育つことになった私にとっての戦後は、「父の死」で始まりました。三歳だった私の記憶には残念ながら、「父の姿」はありません。父が入院していた病院の売店と、病院の立派な木製の手摺で遊んだ「楽しかった記憶」があるだけです。現在、私にも三歳の孫がいますが、いまの記憶は、きっとたいして残らないのかなぁ、と思ってみています。

両親の言葉の影響でしょう。「教育」の恐ろしさへの認識が植え付けられました。「教育勅語」への反省から始まった、戦後の民主主義教育に大きく影響を受けてきました。

一家全員七人がまとめて親族の家に引き取られるように同居することになりました。私が小学校二年生になった時、私だけ子どものいない親戚に養子に行くことになりました。一年生にあがってから「家の子にならないか」という誘いを何度となくお菓子やおもちゃと一緒に受けていたのです。「うん、なるなる」と返事していたと思います。初めての子育てに、懸命に努力してくれたのですが、ご馳走すぎたのか、ぽっちゃり丸くなり、喘息になりました。寝小便が止まらず、授業中におもらしするようなこともありました。そして何より「うそつき」になっていました。

一年後、結局もとの家族に戻ることになるのですが、養子の間にも三回も母たちの許に逃亡しましたが、その都度、親族会議があったのでしょう、養子先に戻されたのです。小学校四年生になる時、親族の家を出て、家族七人だけの生活が始まりました。長男が高校を卒業したのを機に、母の下した決断でした。母はトリプルワークで、何もない田んぼの中の小さな平屋の家での貧しい暮らしでした。でも、とても楽しく、嬉しく、自由でした。

小学校四年の時がちょうど六〇年の日米安保の年で、学校の廊下でジグザグデモの真似をして先生に「やめなさい！」としかられたのを覚えています。中学では生徒会長をやり、高校の時にベトナム戦争が激しさを増していきます。逃げまどうベトナムの人々の姿は、他人事とは思えませんでした。

一九六八年、多感な一八歳。七〇年安保への騒々しい時代を、青春真っ只中で深く経験します。何かを変えていかなければならない。そう考える中で どう働けばいいのか、「わたし」を生きる、生かす、とはどういうことか、悩み、戸惑い、迷いつづけていました。

労働運動に参加し、当時流行りの「我々は～」とか「粉砕！」「異議なし！」とかいう決まり文句を毎日のように繰り返していたのですが、労働運動から抜ける選択をした頃に、ほとんどと言っていいほど、言葉を話せなくなった時期がありました。「わたしの言葉」を失っていたことに気づかされて、突然、しゃべれなくなったのです。それからは、何かに組することなく、転々と働き先や働き方を変え、「わたしにとっての感動」を求めて、想いの放浪を重ねました。

三〇代、自営で仕事を始めて、地域での活動にどっぷりかかわります。子育ての時でもあり、「教育」「福祉」「自治」にひかれます。そんな時のこと、一九八六年「葬式ごっこ」という「いじめ事件」で中学二年生が自死するという事件が起こります。

当時住んでいた東京都中野区は、「教育の自治」をかかげて、「教育委員の準公選制度」をとっていました。そんな中野区でさえ、教師まで参加した「いじめ」による少年の自死を、受け止めることができなかった。「学校」が子どもの「いのち」を奪う。「教育とは何か」「学校とは、家庭とは、生命とは」……。多くのテーマが提起されました。この時私は、行政、学校そして家庭の限界を強く感じ、「子どもたちにとって第三の居場所が必要だ」と考えました。「子どものいのちの在り処を保障する場」をいつか提供できるようになりたいと思ったのです。

二〇〇一年一月から、逗子市蘆花（ろか）記念公園の中のしもた屋で学校に行けない（行かない）子どもの居場所「遊悠楽舎（ゆうゆうがくしゃ）」（の前身）を始めました。そして、いま不登校といわれる子どもたちとその親御さんたちとの出会いが始まり、広く多くの人たちの相談を受けるようになっていきます。

子どもたちと過ごす場で、「今日はヒゲさん何するの!?」という問いに戸惑います。「君がしたいことをしたいようにすればいいんだよ」と告げたら、三ヶ月後くらいに「じゃ、休みたい!!」と返答がありました。用意され、準備されて求められ続けることに疲れた子どもたちは、「休みたい!!」と望んでいるんだと気づかされたのです。以来二〇年間「休み続ける場」として存在してきました。ひとり一人、源気に「いのち」を復活させて行きました。そんな中、二〇〇八年に、横浜市から若者の居場所と相談室開設にかかわるお手伝いの依頼があり、参加しました。ここからが本格的な「ひきこもる青年」そして「その家族」との出会いの始まりです。あまりの相談の数の多さに、びっくりしたのです。

不登校になる子ども、そしてひきこもる青年、何を大切にしてほしかったのか、何が大切にされてこなかったのか、少しずつ伝わってくるものが重くなってきました。それは「かかわりを生きる」ということの本質、深さにかかわることです。

現在（いま）、コロナ禍で、ギリギリの生活をしてきた人たちの暮らしが破綻し始めています。さらに、生活困窮とは無縁であったような人たちの暮らしまで、崩壊し始めている。これまでの社会・時代がかかえ込んでいて見えていなかった貧しさが、はっきりと見えてきています。大切にされなければならなかったものは何なのか。スピードや便利さ、効率や成長ではなく、ひとり一人が大切にされ、誰かとしっかり抱き合える、感動と優しさに出会える関係の中で生き合えることなのではなかったかと思います。

II

戸惑いのかかわり――様々なケース

おりられない

父親が大手企業で働く転勤族だった。大きな都市を転々として、幹部にまでなっていた。母親は息子と娘を育てた。息子は実家で二年ほど浪人生活をするがうまくいかず、ある地方都市の大学への進学を希望し、そこで浪人生活を始めた。父親は、その学費と生活費を負担した。息子は大学浪人から次は専門学校、さらには資格の取得と言っては、送金される生活費に甘えていく。就職しては辞めてしまい、アルバイト位しかしないで暮らしてきている息子だった。父親は、生活費として年間三百万円を数年間に渡って保証し続けた。実際は浪人生活と称してギャンブルにどっぷり浸った生活になる。

八〇歳を目前に父親は他界し、娘はすでに嫁いでいたが、母親は父親（夫）からの息子を信じようという言いつけを守り、できる間は送金を続けた。しかしそれが無理になったので、実家のマンションに戻って一緒に生活することを息子に提案した。その時も息子は就職浪人だったが、一人になってしまった七〇代の母親にとっては、呼び戻すしかない状況であった。一緒に暮らすことでしっかりと働くようになってくれるのではないか、という期待もあった。

しかし、帰って来た息子はいっこうに働こうとはしない。単発の引越しの手伝いのアルバイトはしたが、きちんと働くということにはならない日々が続き、母親そして外に暮らす妹との諍い（いさかい）の日々が重ねられた。そんな状況で私のところの相談につながった。

息子はギャンブルや夜遊びにはまっていて、母親への無心が続き、時に虐待とおぼしき暴力もあって、警察を呼ぶ事態もあったが、母親を困らせ金を引き出す最強の手段は、マンションの廊下やベランダで大声を出して騒ぎ立てることであった。母親にとって、近隣住民への迷惑行為は一番困る。打ち出の小づちは「大声で騒ぎ立てること」。やめて欲しい一心で、母親はお金を渡してしまうという悪循環が続いていた。

相談プランは、母親が転居して、マンションを売却するという方向に進んだ。母親は、有料老人ホームに入居することにし、娘の手も借りて、段取りを進めた。息子には、母親の希望を伝え、一人暮らしをしてくれることを伝えたが、まったく取り合わず「俺が面倒をみるから大丈夫」などという始末。以来、息子には一切話さず、秘密裡に準備した。マンションの売買の仲介に入ってくれた不動産業者に、息子が実家に残ってしまうが、入居できるアパートを用意し、転居と入居にかかる初期費用は負担する約束を取り交わした。

さて、何となく不穏な雰囲気を感じるのか、無理もない、理不尽なことばかりしている息子からすれば、母親の想いを聞かされていれば、置いてきぼりにされる危機感も当然あっただろう。どこに行くのか、何をするのか、とつきまとうようなことも増えてきた。母親は将来への準備として、娘のところに日用品などをいろいろと送る。

転居の段取りとして、母親が息子を振り切って家を出るための作戦が必要だ。マンションの交渉はすべて終わった。あとは出た先がわからないようにして母親がいなくなること。レストランで食事をした。それもデパートのレストラン街。そして最後にトイレに立つ。個人店では、店内にトイレがあるが、レストラン街では店外にある。そのトイレから、母親は席には戻らなかった。待っていた娘と合流して知られない場所に去った。作戦は成功したが、悲しい作戦である。

息子とのやり取りは、不動産業者に委ねられた。実に事務的に、淡々と進められ、現実に向き合わされた息子は、やらざるを得ない行動を甘んじて受け入れ退去した。

母親であることを「おりた」のだが、息子であることをおりられなくしてきたのは誰なのか。息子はひとりの個人としてどう生きていくのか。一緒に考えられる場と時間が必要だったのではないか。「母と離れて暮らすことなどすぐできる。しかし、母には僕が必要だ。一緒にいて欲しい、とても助かる、といつも言われている」と息子は何度も口にしていた。

不動産業者と協働して転居先を探し、生活保護で扶助される範囲での部屋を選び、まずは生活保護の受給につなげた。本人はその窮屈感から、早朝の宅急便の仕分け作業のアルバイトを始め、現在は昼間のスーパーの品出し作業のダブルワークをしている。生活保護からも抜けたと聞く。

随分遠回りをしてしまった。どちらが悪い、とかいうことではなく、なるべくしてなってしまった事態なのだが、家族の問題として解決しようとすることにそもそも無理があったのだ。関係を取り結べない状況にある人たちへの支援の在り方がもっと考えられる必要がある。求めることが不得手で、かかわりを求められない。生き合う関係をつくることが難しい時代を生きているのだ、と実感する。

ひきこもる家族

初めて会った八〇代の両親のもとでひきこもる息子は、五〇代。ひきこもって三〇年近くなる。何年か前に相談先を探し、心療内科を紹介されて面談したが、「本人を連れて来て下さい。でないと、何とも出来ない」と言われ、本人を連れてこられないから相談しに来ているのに、駄目か、と諦めた。やっと相談する気持ちになって、せっかく支援につながる入口にたどり着いたのに、取りこぼしている。まずは本人なしでも親御さんと相談をすることが大切なのだ。この医師がそのことを知っていれば、もっと早く支援が始まっていた。それから十年近くが経ってしまった。親たちが高齢になり、体調に不安がある。このまま放置しては死ねない、と再び相談することに挑戦してくれた。

「八〇五〇問題」といわれる「ひきこもり問題」の典型的な事例である。ひきこもる人を抱える家族の多くが、世間から「ひきこもり」、かかわりを避けてしまっている。

父親が半ば諦め、どうでもいい、と投げやりになる。ひとつには、話し合うことができず、ひきこもる本人に避けられ、逃げられてしまい、言葉をかわすことが出来ないという関係になっている。仕事をしている時にできた関係が定年退職して毎日家にいるようになっても続いて行く。一階にいれば二階に、二階にいれば一階に。ひきこもる本人とすれ違い、行き違うようにお互いに調整し合う関係になっている。父親が二階の自室にあがる時に、小型ラジオをつけながら移動を知らせている、と聞かされたことがある。衝突を避けることだけが目的化される。変な話だが現実だ。衝突を避けたいお互いの「想い」なのだ。

また違う家族の話だが、いまの穏やかすぎる、諍いのない状況を維持したいと願っていた青年が、決して「こと」が起きないように、語らず触れない生活を十年以上続けた、と。「変化することが怖かった」と語っていた。

逆に思い切り衝突した家族の例もある。毎日毎日、来る日も来る日もゲーム三昧の息子から、父親がパソコンとゲームを取り上げた。息子は父に怒り殴りかかった。三〇代の息子と六〇代の父親。双方に気まずさと怪我だけが残った。その「気まずさ」が、かかわりを復活させた。双方がやり過ぎた、と反省したからだ。

多くの場合、父親とひきこもる本人との関係は、父親が一方的に社会的価値観を背景にして語り、本人は何も語ることができず黙って聞かされ、自室にこもる、という状態が繰り返され、いつしか双方が顔を合わすことさえ避けるようになっていく。

母親はじっと食事作りや洗濯を続ける。やさしく声をかけ様子を見る。年金も含めて夫の収入がある限り、どこか「主人」に従っている。どうにかしなくては、何とかならないのか、とは思いつつ日々の家事雑事に追われている。そうすることで現実から逃げているのだと気づきつつも、「お父さんが……」何とかする、出来ないかもしれないが、父親を差し置いて私がなんとかしようとしたってもっと出来ない、と思い込んでいる。子どもを想い、健康を維持するための三度の食事、その世話をすることが母親である「わたし」の務めと決めている。家族の中で、なぜか一軍からおりて二軍になっている。それで、心持ちを治めている。

不安定なのに、何となく安定的なポジションを得る努力をおのおのがしている家庭の姿がある。

父親は投げやりになっているが、「父親であること」「主人であること」からは決しておりていない。母親も、成功者であり世帯主である夫のもとで、妻としてそっと「二軍」に鳴りを潜めているが、「母親であること」からはおりない。ひきこもる本人（息子・娘）も「子どもであること」からおりているわけではない。自分のことを両親にとりついた「寄生虫」だと言った息子がいた。何とかそれぞれの立ち位置を維持している。おのおのの努力があって、微妙なバランスで成り立っている家族のなんと多いことか。

正直にホントのことが話せない。わかり合う、生き合うための材料が、誰からも提供できない関係にある。なぜなのか、いつからこんなに不自然な関係に慣らされてきたのか。両親が揃っている家族ばかりではない。同居する誰かが亡くなることでいままでの関係のバランスが崩される家族もある。

慣れてきた関係が、一人亡くなることで崩れていくケースだ。

八〇歳を目前に母親が亡くなった。三世代同居の一家の家計の切り盛りをしていたしっかり者を失った家族は、心棒を失ったかのようにひとり一人がそのかかわりの中で壊れていく。

その母親は長男を事故で亡くしている。二男は初めての子（長男）を病気で失っている。二男は数年前に離婚しており、残った娘と息子（二男）を育てていたが、息子に病気が見つかり、施設に預けることになった。つれあいを亡くした八〇歳を超えている父親は、職人としての腕があり、声がかかると仕事に出ていたが、さすがに妻を亡くしてからは家にこもり、朝から酒を呑むようになっていった。そんな姿に誘われるように、何とかアルバイトを続けていた二男も朝から父親と酒を呑んで過ごす時間が増えていく。そしてフラフラと街に出て、あちこちの呑み屋に借金を作りだす。一家は八〇歳を超えている父親の年金頼りで暮らすようになり、二男は自分の娘のアルバイトの稼ぎまで無心しだす。

だらしのない、酒に浸る父を避けて、食事の支度をしてまたアルバイトに戻るような生活になって行く娘（二男の娘。母親の孫）。そんなある日、娘の突然の妊娠がわかる。離婚して別の生活を始めていた母親が娘の出産を見守った。しかし長い時間を共有できたわけではなく、新しい生活との板挟みになって苦しむ母の様子に押され、娘の気持ちは挫かれていく。酒に浸る祖父と父のいる実家に戻ったが、赤ん坊を抱えながら食事作りを担わざるを得ない。彼を（赤ん坊の父親を）あてにして実家を飛び出すが、入籍はしたものの子どもの認知は置き去りにされた。そのことへの怒りや不当性を主張し、訴え、追い詰めていくパワーは家族の誰にもなく、関係機関（地域包括支援センターや相談事業所）もかかわるが地域や制度の壁もあり、うやむやのまま違う自治体で夫婦バラバラの生活になってしまっている。祖母は天国からどう見て感じているだろうか。

この家族の誰かを責めることでは何も見えてこない。だが、四〇代後半になる二男が支援者たちの非難の的になっていた。支援者・援助者から見ればそう見える。高齢者支援でこの家族に関わった事業所からは父親の年金を搾取する「経済的虐待」に当たるのではないか、との声が上がる。一方、障がい者支援の部署からは、二男の知的障害とアルコール依存症が疑えるとの声が出る。しかし、二男が口にしない苦しさ、辛さ、痛さがないか。兄を事故で亡くし、自身の長男を病気で失った。さらにもう一人の息子も施設に「取られた」。この二男の悲しみに誰が寄り添い、ともにまどろむことができたのだろうか。施設に取られたどころか入所できてよかった、と支援者は胸をなでおろしていただろう。高齢の母親がタガになって何とか持ちこたえて来ていた家族。母親が「母であることからおる」準備を始めていてくれたら、少し様子は変わっていたかもしれない。しかし私たちは「変われない」。期待に応える生活が「わたし」の存在を何とか支えて信じさせてくれている。

「人の役に立つ存在であること」が当たり前に求められる。

ひきこもる人たちの評価の基準のひとつが、社会的な役割を果たしているか、つまり稼いでいるか、という点である。

稼げているか、家にお金を入れているか、といった経済的役割を果たしているか、という評価軸で人間の存在価値を計るところがある。ある家族の会で「生きていてくれることが何より大切だ」と話したら、ある母親から「そんな情けないことを言ってほしくない。せめて何でもいいから稼いでほしい。でなければ、やっていけない」と反論されたことがある。親たちの収入だけではとても立ち行かない切実な状況があるのかもしれない。その大変な状況を親たちや周囲の力を頼ることでやっと切り抜けている。だから働いてほしい！　稼いでくれ！となっているのだ。

そうであったら、難しいだろうが、もう家族をパンクさせてしまうしかない。パンクとは、家族の破綻を言っているのではなく、そこにある関係の崩壊を言っているのだ。ぎりぎりで切り抜けるのではなく、一緒にいまある「家族の関係」をパンクさせる。ひとり一人自律した個人として存在する。その上で、はじめて一緒に考えられるのかもしれない。その時はじめて家族という「仲間」になれるのかもしれない。

それまでは、現実に立ち向かい戦う「私たち」と、現実から逃避し立ち向かわない「あなた」という構図の中でかかわってきていたのではないか。でも、どこかで、共有することや共感すること、生き合う関係にあることを確認することが求められ、必要とされているのではないか。どちらもが恐れず「変わる」ことに向き合うこと。変われるか変われないかが問題ではない、それぞれに向き合うことだ。

家族の中での「役割」を担うことで、生きていていい、と自分に言い聞かせている人も在る。祖父・祖母の介護者として在ることで、ひきこもっているわけではない、と自らを位置づけている女性（男性）もいる。ほんとうに本人が望んでいるなら、ぜひ資格を取って、介護職として働いてほしい、と支援者や家族・周囲は簡単に思ってしまうがそう簡単ではない。家族の中だからやれる（あるいは、担わされている）のであって、他者に対しても同じように関われるか、というと、まったく違ってくる。「わたし」を出せない世の中的・社会的要求に応えるのは「無理」である。

先に書いた「変化することが怖い」と語った青年。彼は大学に通う途中から学校に行けなくなっていた。しかし朝は出掛け、夕方に帰る生活は続けていた。大学からの通知で親の知るところとなって、ひきこもることになるのだが、なぜ通学できなくなったのか。彼は中学の頃から「青年は明るくなければならない」と考え、懸命に実践してきた。正直な自分は「根暗」だからである。別人格の「わたし」を演出しつづけてきて、大学に進学したが疲れてきた。しかし、そのことは誰にも話したことがなかった。くたびれ果てた彼は放浪し徘徊することになった。母親の作ってくれた弁当を持って。

小学校に上がるころから、「♪一年生になったら、ともだち百人できるかな」と唄われる。私たちは、子どもたちはたくさんの友だちをつくること、友だちがいなくてはいけないということを使命のように思い込まされてきた。早寝早起き、残さず食べて、雨の日も風の日も元気に通学し、忘れものをせず、みんなと仲良くしっかり学び良い成績をとる。

そうでなければいけない、と思い込む。求められることに応えられることのできる子になり、周囲から高い評価を得られる存在になること。優秀な市民となって社会の一翼を担えるまっとうな大人になること……。結局ずっと求められ、できるようになることで、応え続けているうちに、「わたし」を見失ってきた。

明るくなくたってまったく問題ないのに、なぜそう思い詰めたのか。彼を取り巻く環境に求められている、と思っていたに違いない。

もう一人、父親とバトルになった青年。やり過ぎた、と想って以来、悩んだ末に、父親に協力を依頼した。自分から声をかけ、相談したのだ。このまま家にいることは良くない。以前にテレビで観たことのある畑作業をする寮のようなところ（居場所）に参加しようと思う。探して欲しい、と申し出た。父親が車を走らせ、あちこち見学に回ってくれて、入寮先を決めることができた。薪で米を炊き、食事作りや種まきから収穫まで、大自然と向き合う生活になった。両親も一緒に参加してくれた。みかんを収穫する時のはしごを押さえてくれて、ひとつ一つ受け取ってくれた。まったく関係が変わった。攻撃し合う関係ではなく、一緒に生きている、生き合う関係に近くなった。

コロナ禍でソーシャルディスタンス（変な言葉だが）が叫ばれている。もともと常に「マスク」をしていないではいられなかった人からすれば、世の中で「マスク」をしていることが当たり前、していなければいけなくなったのだから、時代・環境の変化で何がどうなるかわからない。一方で、リモートワークやオンラインでの会議など、いままでは、日中は家にいなかった家族が在宅になり、近隣でも在宅の人が増えることが、ひっそりと息を殺して過ごしている、ひきこもる本人にはプレッシャーにもなっている。どんな方向に「変わって」いくのか、存在の基点である、気持ち・想いの原点に寄って立てる方向でありたい。

わたしでなくなる

いま入院中の六〇代の男性。彼を知ることになったのは、地域の民生委員からの電話だった。九〇代になっていた母親が突然死してしまい天涯孤独になってしまった彼への支援についての相談だ。当時彼は五九歳になったところで、高齢者としてのサービスを受けるにはあと一年が必要だった。母親は息子の知的な障害を認めているような、いないような、中途半端な状態のまま逝ってしまっていた。しかし母親は地域の行事にはそれなりに参加し、息子にもお祭りのちょうちん作りなどに参加させる機会をつくっており、息子も町内会のリーダーたちには知られる存在になっていた。

彼は、母親から「人の世話にならないで、自分のことは自分でしなさい」と、「仕事をみつけて働きなさい」ということを繰り返し告げられていたらしい。なので以前から、毎日ハローワークに出かけるのが「仕事」になっていた。母親が亡くなった日もハローワークに出かけていて、帰宅すると自宅は黄色いテープが張り巡らされ中に入れない。警察が取調べ中で、彼はパニックになった。何が何だかわからない状況が続いたものと想像できる。町内の方が、自身の家のトイレを貸してくれた辺りから、やっとちょっと落ち着いてきた様子だった、と聞かされた。

そんな出来事から数か月、彼はできるだけお金を使わなくて済む生活を始めていた。食事はごはんと納豆など、ガスや電気も最小限にしていて、お風呂に入らず着替えもしない日々だが、唯一ハローワーク通いは続けていた。どろどろの服で、裸足に草履履き、頭髪はまるでカツラのように固まって黒く輝いている。そして両手にレジ袋を提げて歩いている。そんな風体の彼が歩くと皆よけて遠巻きになる。顔見知りの民生委員や町内の方に紹介してもらって、ようやく話すことができるようになった。若い女性相談員も積極的に声掛けをしてくれたが、当初はまったくと言っていいほどの拒否的反応で、受け入れてくれない。固定資産税の納税が遅れ、役所で自宅の差し押さえに至る報告を告げられたこともあり、役所嫌いになっていたのだ。

しかし孤独な生活が始まり、時間が経過する中で、ほんの少しずつ「本人の不安」を伝えてくれるようになっていった。私は、まずは身体の健康に関わる不安について少しでも安心できる手伝いができることをしつこく伝え続けした。それは保健所での無料の嘱託医相談だ。保健所のPSW（精神保健福祉士）と打合せ、嘱託医の先生にも事前に話を通し、やっと実現できたことだ。待ち合わせ場所に彼が現れた時の小躍りするような「気持ち」の高揚をいまも思い出す。

「この方には福祉的支援が必要です」とかねてから役所の障害担当と合意していた文章を嘱託医の先生に書いてもらい、障がいや難病の人が通う就労継続支援B型作業所での就労の受け入れをしてもらえることになった。一年早くはあるが、老人センターのお風呂を利用させてもらえることにもなった。作業所で草取り作業をする日をつくり、施設長が一緒に老人センターで入浴してくれる。私も何度か一緒に入浴したが、彼は頭は洗わず、着替えもしない。近隣の方が持ち寄ってくれた清潔な衣類はたくさんあるのだが、着替えないのだ。どうしてなのか尋ねると、「自分でなくなるような気がするから」との答え。「着替えると自分でなくなる」。——「わたし」でいることの大切さ、「わたし」でなくなることへの恐怖と不安。

汚いとか汚れている、ということはどういうことか。周囲から見たものでしかないわけだが、本人は「わたし」であることを守っている。そのことを支持しなくてはならない、という根源的想いもあるが、周囲の地域の新しい住民（親御さんからのいきさつを知らない人々）や、特に幼い子どもを持つ人は、怖いとか気持ち悪いとか言っている、という声が届いてくる。彼がいまの住まいで、何とか地域に受け入れられて生活を続けられることを願い、支援が組み立てられていく。

私は嘱託医として関わってくれた先生のクリニックに通院して、障害者手帳と障害年金の取得を目指してもらうことにした。彼の将来への不安を軽減するために、制度の有効利用を考えたのだ。時間はかかるが手帳と年金の取得を説得し、手続きをすすめる。震えがあったり眼がかすんだり、糖尿病につながる危険も考えられ、栄養の偏りも気になる。手帳取得後、ご本人とのやっとの長い話し合いの上で、障害年金取得に向けて、入院して検査を受け、ゆっくり三食昼寝つきの生活をしてみよう、ということになった。

しかし、当日その場になった時、「やっぱりやめる。入院はやめる。家に帰る」と彼は言い出した。私は彼を入院先の看護師さんたちにあずけて、後ろ髪を引かれるような思いで、その場をあとにした。「罪を犯した意識」が残った。が、「いや、必要なのだ。見たことのない、体験したことのない世界（ケア）を知ってもらうのだ、障害年金の受給を現実的なものにするために必要なことなのだ」との声に、私はすがろうとしていた。

予定していたよりも長い入院になった。しかし本人は穏やかにケアを受け入れ、明るく過ごしている、と聞いていた。退院してきた本人と会った時、清潔で、日焼けしていた顔は白くなり、きれいなジーンズにシャツ、ズック靴を履いている彼は「彼なのだが」彼でないように感じられた。見た目が「ふつう」になっていた。

さて退院してから数か月、年金受給も決まったし、障害者支援の団体ともつながった。しかし、暮らしぶりは元のまま、病院でのケアは体験できたが、元の日常に戻ってしまった。顔色が悪く、元気のない状態になっていく。彼の「気持ち」や「想い」は、ケアは受けたが、元気の回復は得られていないのだ。

いままた、入院することになってしまった。必要なのは「医療的ケア」なのではなく、彼の元気をみつけ、その元気の発露を見出していくことなのではないか。入院経験が彼の「孤独感」をさらに深いものにしてしまったのではないか。「わたし（たち）」の選択は、これで良かったのだろうか。「悩む」。彼の望む彼の生きたい生き方を支援することができたのだろうか、と。

さんぽ

朝ぼらけ
いく先にたち込める霧
ひんやりと　気持ちを　静めてくれる

樹々のあいだを抜けるたび
見えない糸に　ひっかかる

ごめんなさい、せっかく渡ったのに
わたしが　切ってしまって。

遠くを見ると　近くが見えず
足許を見ると　先が見えない

何を見ようとしているのか
見えないものたちとの出会いを
この時とばかり楽しめば　いいのだ

いがみあって家族ごと困窮に

彼女はあちこち探して、最終的に紹介されて私のところに電話をしたという。面談をするには、精神と身体の調子を整えるのに時間が必要というので、電話があった日から二週間ほど先に予約を入れた。本人からの許可を得て、紹介先からもあらかじめの情報をもらった。十年余り「ひきこもる」状態が続いており、これまで一度も働いたことがないという人であった。

初回の面談で彼女は、いまは一戸建ての実家に一人で暮らしていること、ある日から両親は外に部屋を借りて住んでいるが、どこに住んでいるかは知らないこと、すでに独立して世帯を持っている兄弟がいるが、小さい頃からほとんど口をきかない仲であること、そして、常に親にとって「いい子」であることを要求され、それに応えつづけてきた、私はアダルトチルドレンなのだということ、そして両親と没交渉になった経緯を話した。

ある日、数人の男が突然現れ、「ご両親に依頼されて君を迎えに来た。うちの施設に入所することになったから同伴してくれ」と言われ腕を取られた。「何も聞いていない」「一緒に行くつもりはない」「帰ってください」と抵抗した。しかし彼らは「そうはいかない、連れて帰る」と言い張り、言い争いになった。本人は持ち前の理屈で「不法侵入ですよ」「警察を呼びます」など必死に対抗し、結局彼らは目的を果たせず帰らされることになった。両親が「ひきこもる子ども」に対応してくれる専門家として選んだ「支援団体」は、団体の施設に収容して回復させるという、いまでいう「引き出し屋」だった。怒りはまっすぐ両親に向かった。それまでは母親との細々としたメールでのやりとりで何とかつながっていたのだが、それもなくなってしまい、まったくの没交渉となった。

紹介先の支援団体を介して、親御さんからも話を聴かせてもらうことにしたのだが、母親だけで父親は登場しようとしなかった。

本人との初回面談は相談室に来てもらったが、緊張感が高く、精神的・身体的に非常に不安定で、面談に出掛けて来るだけでクタクタになっていた。これでは、「話を聴かせてもらう」ためにはプラスにはならない。細々とではあるが、やっとつながったかかわりを、大切にしなければならない。二度目からは本人の自宅近くの喫茶店に出向くことにした。

本人の希望は、生活のために「働かなければならない」というものだった。「ねばならない」という本人の気持ち・想いは理解しつつも、働き先の要望・理想が、現実とかなり乖離したものであることが、本人の状態をしっかり聴かせてもらうことでわかってきた。それは、週に一回、午後の遅い時間に二時間程度で、自宅近くの歩いても通える場所で就労体験をしたい、ということだった。具体化するには難しい条件だ。当時、連携を進めていた就労支援団体の協力を得て、デイサービス事業所での受け入れがどうにか実現した。打ち合わせを積み重ね、週に一回の実習のあと、必ず面談を二時間位、行うことにした。本人は、この週一回二時間の実習と面談のために、一週間の配分を考えて行動することになった。あとの六日間が「準備の日」になったのである。

就労体験が始まると、彼女は施設長が驚くほどの観察力を発揮した。施設を利用する人たち、ひとり一人の特徴・特性を押さえ、詳細に報告した。施設長が他の職員にハッパをかけるほどだった。しかし、これも神経を張り巡らせ生活する「ひきこもる」人の悲しい習慣であると言えるかもしれない。緊張感が高く、周囲への警戒心の強さがなせる業で、その疲労感は私たちの想像をはるかに超える。施設に入るところから笑顔をつくり続ける本人は、面談の時「つくり笑顔から解放されて、こんな仏頂面で話してもいいという人がいてくれなければ、続けられない」と言った。この取組みはワンクールで終了した。施設からは惜しまれたが、本人の限界を越えていた。

結局、求められることに合わせる「わたし」であることを確認することになった。それ故に、その後の本人の望みは、昼夜逆転している私が働くためには、四時とか五時とか遅い時間から働ける場が用意されるべきであるとか、九時五時のお役所タイム、「ふつう」の人に合わせた労働しか用意されていないことがおかしいという主張として展開された。主張は理解できるが、現実的には対応が難しい。公的機関が相談を受ける場合だけを考えても職員の「残業」は望まれておらず、対応しようとすれば特例的になってしまう。そうなれば支援そのものを「継続する」ことが難しくなる。正当な主張は認められるべきであり、現実的な対応も即刻変更するべきであるという言い分には一理あるのだがあまりにも短絡的で、現実味がない。間違いを間違いだと認めたら即刻改めるべきだといっても、両親も支援者も行政も、生きて動いているもの・ことであり、「即刻」変えられるようなものではないという事実から乖離していた。

行き違うやり取りが、本人の中でイライラと怒りを生んでいく。どこでどう折り合いをつけながら、変化を求めて行動していくのか。少しずつ少しずつの変化でなければついていけない。他者への理解、寛容と包摂、多様であることの理解が、本人の目の前に難しく立ちはだかる。現実を肌で感じてもらう、そのための時間が必要なのだ、と思えた。

面談を重ね、本人の気持ちを確認しながら、同時に障害年金の取得を勧め、心療内科クリニックを紹介し、通院をしてもらった。両親には障害年金の取得のための書類づくりの協力を促した。障害年金が受給出来ることになれば、本人名義の受け取り先口座が必要になる。しかし本人は口座を持っていなかった。口座の開設手続きにも、キャッシュカードの使い方を練習することにも同伴をした。これも本人が自身の現実に向き合って肌で感じてもらう、積み重ねのひとつである。

その積み重ねの中、両親の経済的負担は限界を越えようとしている。夫婦で暮らすアパートの家賃と生活費に加え、実家で一人ひきこもる子どもの生活費。障害年金の取得で、本人負担も少しは始まり、多少の負担軽減にはなったかもしれないが、狭いアパートでの夫婦の暮らし、老朽化している一戸建ての家の維持費、もう一人の子どもの実家としての機能、そのすべてが年老いていく自分たちの負担であることに大きな変わりはない。それらを考えると、息がつまる。家族として、いがみ合うことで全員が困窮していき、余裕を失う。人としての協力に向かい、ひとり一人の「いのち」を大切にし合える、生き合う方向に向かうことを祈りたい。

奪われる体験

その父親が入院したと聞いて気になっていたが、地域包括支援センターのケアマネージャーさんに連絡すると、先月、亡くなってしまっていたことがわかった。日々の作業に追われ、バタバタしているうちに、何ということだ。改めて、「死んでしまう」ことの近くにいる人たちと付き合っているのだ、と愕然とする。生きていることと同じくらい「死んでいく」ということの大切さを想う。その人と出会ってから、どれだけ笑ったり、泣いたり、怒ったりしたことか。でも、だから、そのかかわりの中で、教えてもらったことがたくさんあった。出会い、生き合った時間は生き残る。生者は、生者だけで生きているわけではなく、死者とも生き合っている。死者も生者も大きい意味で自然の中に息づいている。生と死は連なっており、別々のことではない。しかし「死なれること」はやっぱり悲しい。現実に言葉をかわせなくなる。あの困り顔、あの笑顔、あのめがねの奥のあの表情がもう見られない。やっぱり寂しい。でも、現在（いま）も生き合っている。

それにしても、その人と子どもたちとの関係は、大変なものだった。

長女、長男、次女とその子ども。たしかにお父さんは自分の人生をまっとうしたのかもしれない。しかしその中に「生き合う人（子どもたち）」は含まれていなかったのではないか、と私は感じていた。家族全員が口を揃えて、「いつだって、父さんが一人で勝手に決めている」と訴える。父親本人にとってはそれで良いだろう。しかし、家族にとってはどうなのか。相談もしていないし、話し合われてもいない。父親にとって大切だったのは、自分自身と女房の処遇。そして子どもたちに残す「お金」のこと。

本人が最初に相談の申込みをしてきたのは、遺言書をつくりたいということと、奥さんを何とか特別養護老人ホームに入居させたい、との要望からだった。ご自身は、ガンでステージ4と告げられており、奥さんは現在介護認定が要介護2なのだが、このところ認知症が進んでおり、要介護4が取れる予定で申請中である、ということだった。だから、急いでいる、焦っていると話された。朝、自宅から電話があったかと思うと、午後には役所からの電話だとかで、すごく本人が動いている様子で、身体や病状が心配だった。

しかし遺言書づくりをするために司法書士を紹介し、ご家族の様子を聴き込むうちに、「あれ？」と思えることが次々に見えてきた。長女には精神疾患があると言いながら、薬を飲んでも変わらないし、病院に行ってもお金がかかるだけでもったいないから放ってある、と言うのである。私はすぐに長女に会わせてもらうことにした。父である彼は、「あー、どうぞどうぞ」という感じで悪びれたり隠し立てする様子はまったくなく、なぜかあっけらかんとしていた。長女に会い、通院を勧め、クリニックを決めて、障害者手帳の取得と障害年金の受給を目標にした。お父さんには、「手帳をとって申請すれば年金もとれる可能性がある。だから、通院させてあげて下さい」とお願いした。

当時、他の地域に住んでいた次女も、父のことや姉のことが心配だから、実家に戻ろうかと思うがどうだろうという相談をしてくれた。これまでの家族の状況がよくわからない中、お父さんとも話し合いを重ねた。「ちゃんと働いてくれるなら帰ってきてもいいけど……」とお父さんが次女に言った発言が何度もあり、その時点では就労もしていたので、「帰ってくる」ということになった。しかし帰ってからの日々は、父と次女のバトルは激しさを増していった。

「お父さんはケチでお金を使いたがらない。デイケアから帰る母をショートステイに入れれば夜の徘徊につき合うこともなく眠れるのに、二千円のショートステイ代をケチって、家族が辛い想いしていることを理解しようともしない」と訴える。お金を使いたがらない父親への批判。しかし私は、少しでも多くあとに残したい、と考えているのではないか、父親の思いやりによる行動なのではないか、いままでの家族の歴史といまおかれている状況とは違うのではないか、などとウロウロと考える。しかし子どもは、残すお金なんていいから、いまを少しでも楽に、父も母も私たちも過ごせるようにしてほしい、と「望み」を語るのだ。それでも父親は受け入れない。このように続いたバトルで次女も精神的に不安定となり、堂々巡りの果てに、結局また次女は家を出てしまう。

母親の特別養護老人ホーム入居は、割と早い時点で決まったのだが、父親がもっと安いところ、もっと安いところと求め続けて、やっと入居を決めた。自分の死後のことも、全部自分で決めて、手配する。本人はそれで良かったのかもしれない。そしてそれは「こうしろ」と家族に求めていることになる。

お膳立てされた三人の子ども、一人は実に自閉的であり、あとの二人は精神障害を抱えて生きていくことになった。家族の幸せが「父親」という存在一人の想いの中で、バラバラになり、諦めることで成り立ってきた「幸せ」がこの「家族の幸せ」だったのだろうか。結局、父親は家に帰ってくることが出来なかった。

一番困っているのは誰？

就労支援をしている連携団体から、支援を始めた男性について相談の依頼が入った。男性は四〇代で元ドライバー。事故にあって、半身不随になってしまった。しかしお子さんが五人おり、なんとか働きたいと頑張っている。しかし、安定した勤務を続けて行く上で最も大切になる、日常の「ご家族（世帯）での生活の安定」に不安がある。ということでの依頼だった。

まずは初回、車イスの本人が来やすい場所を選んで面談をした。周りを、子どもたちが隠れたり走り回ったり。パパは人気者のようだ。次回は自宅を訪問させてもらい、奥さんや残る二人の子どもたちにも会わせてもらう約束をして別れた。

数か月前に、本人の母親が亡くなり、賃借住宅からとにかくとりあえずすべての母親の荷物を運び込んだというお宅は、段ボール箱がいくつもうず高く積まれ、物にうずもれている部屋に、何とか車椅子が移動できる道ができている。寝床やトイレへつながる道が車椅子の幅でなんとか確保されている、という状態。さらに、寝床はひと部屋で、大きなベッドがしつらえられていて、家族全員がそこで寝起きしている。この十年で五人の子どもを産んでいる奥さんのことがとても心配になった。しかも五人目の子は○歳である。奥さんの疲労、身体・精神の状態に対する心配が大きくふくらんだ。

四年生になっている長男に発達障害があることが検査の結果として解っている、という情報もあり、母親である奥さんとかなりのバトルが日々繰り返されているという情報もあった。私は、本人からの承諾を得た上で、自宅訪問前に、この家族に関わる関係者や関係機関からとにかく聴かせてもらえることを集められるだけ集めることに努めた。最大の情報は、障害者であるご本人の介護に取り組んでいる事業所と担当者たちから聴き取ったものである。

さて、介護は同性介護を基本としているので、父親のために自宅に入っているのは当然男性だ。その男性介護者たちから聞こえてきたのは、母親としての奥さんへの批判だった。あの環境は、子どもをまともに育てられるものではない。足の踏み場もなく片付けられていない。「ゴミ屋敷」と言ってもいい状況に思える、等々かなり厳しいものであった。

自宅を訪問した日、私とアシスタントの男性相談員に、奥さんは背中を向けたまま、ほとんど口をきいてくれなかった。生活改善に係わる本人（ご主人）と話をしながら、私は、たくさんの洗濯物がキチンと干してあること、臭いはなく、新しく買ったもののようだが、同じ物がたくさんころがっていたりする様子を目にしていた。そして奥さんが、同性介護で出入りしている男性たちからひどく批判的にかかわられることに大きな不快感を持っているに違いない、と感じた。彼女を黙らせ、ひきこもらせているのではないか。

二回目の訪問は、ベテランの女性相談員を同伴し、私たちに背を向ける奥さんの話を、家の中の段ボールの合い間にスペースをつくり、じっくり聴いてもらうようにセッティングができた。奥さんが、出入りする人々の批判の目に晒されてきたこと、自分も外に出て、老人介護の仕事に戻って「わたし」の仕事をしたい、という希望を持っていること、等々、しっかり話してくれる時間を持つことができた。

その後、自治体の福祉関係職員や現場に出入りする障害者担当の事業所、児童相談所や学童クラブ、学校関係者、ご主人と奥さんの参加を得て、これからの生活について話し合う場を設定した。当初は不満やわだかまりの話から始まったのだが、話が進む中でいろいろと課題が整理されて、全員の合意をもとに、これからの生活、暮らしぶりの方向性が話し合われた。子どもたちへの支援、もうこれ以上妊娠しないようにすることの指導、奥さんが前に買ったことを忘れて同じもの（ジュースとかお茶とか食材が多いのだが）を購入しないで済むような手助けを考えること、奥さんへの批判的な目線を改め、応援の目線にかえて行くこと等々、ご主人も奥さんもしっかり発言され二時間を超える話し合いになった。

ご主人の訴えから始まった「出会い」だ。十年の間に五人の子を産み育て、半身不随になった夫の伴侶としての介護もしなければならないという奥さんの苦しみが見えてきた。いまも、乳飲み子を抱えているのだ。もう、ボロボロなはずだ。その奥さんには何の支援もされていなかった。誰も「背を向ける」彼女の声を、話を聴こうとせずに、母親として失格だ、という評価を下していた。支援者も含めた皆が、そう評価している「わたし」でいい、と感じ、考えてきてしまっていた。しかし、奥さんの苦しみを越えて、実は、子どもたちひとり一人が、とても苦しく悲しい想いをしていたに違いない、と思える。言葉にはできないが、不仲の父母は、子どもにとって苦しい存在だ。その家族、世帯の中で一番弱い立場にいるのは誰か、その人が困っているのではないか、と考えていくことが大切なのだ。半身不随で車イスでの生活を強いられることになった人に目や気持ちを奪われ、実は一番困っている人、「いのち」を見落としてしまっていないか。私たちは大いなるあやまちを犯している危険性がある。

困っているのは「困っている」と言っている人ではなく、その人を支えている人、さらに、その場にともに在ることを強いられている「いのち」に想いを致す必要があるだろう。母親への支援がきちんとなされ、母さんの笑顔のたくさんある時間の中に子どもたちの「いのち」がおかれるようになれば、子どもたちの不安がどれだけ軽減されることか。

現在、転居し、荷物もそれなりに整理され、母親への支援も入り、彼女の希望していた就労もなされ、ご主人の就労もなされた、と聞く。

救急搬送

連休が明けてしばらくした頃、他の自治体に住む人から友人についての相談が入った。めったにSOSを出さない彼女から連休前に連絡があり、母親の様子がおかしい、という。中学・高校と親しく友人として付き合ってきた数人の友人たちが、ずっと彼女のことを心配してきた。そして母親の状態や、母娘二人での生活について公的な機関に相談することを勧めてきた。しかし何かそうした提案をしたり勧めたりすると、メールの返事が来なくなり、電話にも出なくなってしまう、という。そんな友人からの……予想はしていたが……いままでの様子からは考えられないSOSの発信に慌てているのです、との訴えだった。公的機関にも連絡したが、連休をはさんでいる時期で、安心できるような反応ではないということで私のところを調べ、連絡をくれた、ということだった。

高齢者を支える地域包括支援センターに確認したが、その方の様子はまったく認識されておらず、五年程前に亡くなった世帯主（彼女の父）に関してもまったくかかわっていなかったことがわかった。私は友人の話の様子に危機感と緊急性を感じ、翌日にその方の自宅への同行をお願いし、地域包括支援センターに連絡してから一緒に訪問することにした。

家に着くと、鬱蒼とした樹木と片付いていない庭と玄関まわりが目に入る。扉を開けてくれた当の本人の彼女は、何かシラーっとした感じで「どうぞ」と招き入れてくれた。相談してきた友人は玄関に残り、私一人が新聞紙や雑誌、本といったうずたかく積み上げられた紙類によって人一人がやっと通れるくらいの廊下を抜けて、母親のいる部屋に入った。紙類の中でうずくまるように横たわり、周辺にはオムツも散乱する中に母親は倒れ込んで寝込んでおり、身体はやせ細って、顔は土気色になっていた。しかし、声を掛けると「私は大丈夫です」と言うのだ。すぐに地域包括支援センターに連絡し、救急搬送することになった。入院することになった母親は褥瘡がひどく、もう少し遅れていたら、生命を落としていた、と告げられた。

なぜ、こんなことになったのか。八〇代後半になった母親と五〇代半ばになる娘。父親は五年程前に亡くなっているが、母娘二人で介護し見送った。いままで、外に救援を求めるなど、したことがなかった。母親は若いころから甲状腺に持病があり、常に体調のいいほうではなかった。晩婚だった母親に遅く生まれた一人娘。娘も股関節に不調があり、小さい頃から少し具合が悪いと「お家にいなさい」と母に言われ、学校も休みがちであったという。「無理をしない、無理をさせない」という母娘であったようだ。しかし職人であった父親に対しては母親は口うるさく、いつも細かく小言を言っていた。父親は寡黙な人でコツコツと働いていたが、社会的・地域的な適応ということでは、母親の言うような行き違いがあちこちで生まれていたようだ。

なぜ、こんなにも家族以外との関係が希薄だったのか。実はこの母娘の家の周辺は父親の親族に囲まれるように存在していた。しかし親族との関係も良いものではなく、いつも後ろ指をさされて、ひそひそと何やら言われているようで、できるだけ付き合わないできた関係なのだ。救急車を呼ぶなどもってのほか、緊急搬送の時もサイレンを止めてもらったらしい。

母親は奇跡的に回復し、自宅に戻れることになった。今回初めてかかわった機関が人を出し合い、母親の部屋だけは、介護を受け入れられるように片付けた。紙の量が半端ではなかった。やっと福祉ベッドが入り、ヘルパーさんも出入りできるようになった。しかしやっぱり、母娘の生活の姿は変わらない。数か月のうちに具合が悪くなり、当初考えられていた通り、施設入所ということになった。自宅を処分し、母娘が相続した。アルバイト程度でしか働いたことのない娘は、相続したお金を数年後に使い果たし、生活保護を受給することになった。

頑なに「自助」を貫こうとする家族・親族たち。本人たちはどこか「上から目線で勧告される」ような、問題の解決に向かわせようとする支援者の言葉と態度に「違和感と支援臭」を感じ、一方で想いの伝わらなさ、受け入れてわかろうとしてくれない在り様にそっと距離を取るように引き下がっていく家族たちの姿と想いが見えてくる。

それじゃ駄目じゃん！と思うのだ。もう一歩、求めて、進んでほしいのだが、それが苦手でできない。私たち支援者は、「上手くいく」ことを求めて、問題の解決が果たされる、と考えがちだ。しかしそれでは、当事者本人にとって何の解決にもなっておらず、同じ明日がやってくるのだ。上手く生きることではなく、そこに在って生き合うことが求められている。それが当事者本人を元気にすることになる。かかわりの中に生きる自信が育まれていくのだと信じている。

母親が施設に入所し、相続手続きが終わった後、本人から連絡があり、父親の遺骨の樹木葬に同伴してほしいと頼まれた。遺骨を桜の木の根もとに埋葬してもらいたいと。彼女にとってのひとつの区切りがついたのかな、と思える日だった。友人たちにいくら勧められても動こうとしなかった彼女が、自らすすんで手助けを求めて来てくれるようになった。

母親はとても小柄な人だったが、彼女は結構大柄なタイプで、体格がいいというよりは恰幅がいいというタイプだろうか。小学校の上級にあがった頃から、そのことでだいぶいじめられていたという。しかし中学の頃からは不登校気味だったこともあったのかもしれないが、自分だけでなく友人に対するからかいに対しても反撃できるようになった。そんな彼女に助けられた人たちが、彼女とのかかわりに、もう何回何を進言しても駄目だし、勝手にすればいいと思ってきたし、大きなお世話かもねなどと言い合って、その都度もう連絡をすることをやめようか、と話したりもしながら、でも、やっぱり、とイラつきながらも投げだすことをしないで、かかわり続けてくれた。当時、彼女に助けてもらった、という恩義への想いが、この友人たちと彼女との唯一の外の存在とのつながりを守っていてくれた。その気持ち、想いが母親のいのちを救い、彼女が支援者たちにつながりをつくることができた生命線になった。

ちょっとした美談のようで、ほっこりする気持ちになると同時に、五〇代になる彼女たち、いま「八〇五〇問題」として語られる五〇世代の思春期のころの学校でのいじめや、経済成長期の中に取り込まれていっていたであろう「子どもたちの気持ち・想い」を置き去りにして社会の側に暮らしを奪われていた親たち世代の在り様を思うと、現在(いま)へと続く道筋が浮き上がって見えてくる。

立ち昇る水脈

まぶしい緑に
小鳥たちの　さえずりが遊ぶ
朝陽にかがやく　くもたちの糸

樹の中を水がはしり
そよとも振れない　葉っぱたちが
見えないミストをあびせてくれる

森を
このおおいなる　自然を
「わたし」の自然のままに
深呼吸する

Ⅲ

印象深い質疑から

研修会でお話をした後、質疑があった。

電話で困窮者からの相談を受けている人からの質問だ。法律的なことなど専門的なことを聞かれる場合もあり、自分などではなく、法律家であるとか専門的な知識を持っている方が対応してくれたら、きちんとした解答ができるのではないか。よくわかっていない私のような者がどう対応したらいいのか、はたして対応していいものなのか、不安だし、心配です、というものだ。

実に誠実な、しかも素直な質問がすごく嬉しかったのを憶えている。きちんとした解答をしなくては、という気持ちはわかるが、それができなくてもいい。相談の電話をしてくる方は、答えを求めているのではなく、不安な心持ちの様子を吐き出して、聴いてくれることを望んでいるのではないか。「具体的な方策はどうしたらいいかよくわかりませんが、現在（いま）の状況は不安ですねぇ」と共感してもらえることで救われるのだと思う。わからなくていいのだ。尋ねるほうも応えるほうも、よくわからない不安を抱いている、という共感を共有すること。現在（いま）ここを生き合っていることが大切だと思う、と応えた。

どんな質問や相談が来るかわからない不安を支援者、援助者は常に持っている。あらゆる制度や枠組みを知っているわけではないから、知らないことを問われたらどう対処したらいいのか、自信がなくなる。大切なのは、知ったかぶることではない。わからないことはわからないと伝え、しかし、あなたの抱くその不安はわかるような気がします、と同じ立ち位置に立つことが大切なのだ。つまりお互いが孤立している、させられている状態にあることの共有だ。孤立させられようとしている不安は重大だ。私たちはこれでいいのか、これでよかったのかと問う時、孤立しがちだろう。でもこうして相談してきてくれる想い、誰かとつながりたい、わかってほしいという気持ちを伝えたい、という仲間を求める想いを寄せてくれることで、孤立から、どちらもが解き放たれる。このかかわりこそが生き合う共同の原点だ。わかって生きているわけではなく、わからない者同士が手をとりあって抱き合って生き合っているのだ。つながりが自信を生み、支える。自信とは、かかわりの中にある。

電話をしてくれて、持っている不安を話してくれたことへの感謝の言葉を伝えることで、共感を共有することができる。その出会いにこそ、「生きる」かかわりが生まれる。

もうひとつ、忘れられない質疑がある。地域で活動する援助職の方からの質問だ。周囲からの支援を受け入れてくれず、「大丈夫です。困っていません」という方。決していい状況にないことが周囲からは感じられていて、何とか気持ちを聞いて、語ってくれることができないだろうか、と援助職の側の想いがつのるという。その方の所へは、直接訪問する以外の方法がない。訪問しか方法がないので、声掛けの機会はそうたくさんは持てない。月に一回伺えればと思い訪問し、窓越し扉越しのやっとの生存確認のようなやり取りになっていたそうだ。そのうち月一回が厳しくなり、少しずつ間が開くようになっていたある日、その方が亡くなってしまった、との報に触れて、やり場のない気持ちになってしまって……と涙ながらに話をしてくれた。「私はどうしたらよかったんでしょうか。いまも想いが残り、あの時何もできなかったんだろうか、もう少し何かできることがあったのじゃないか、と考えてしまう」という訴えだった。

私は、よく頑張ってくれたことを慰労した上で、「たとえば極端かもしれませんが、自死しようとする人を私たちはどうすることもできない。ずっと、トイレも一緒に見張ることは不可能です」と伝えた。そして何より大切なのは、現在(いま)もその人があなたの中に生きていることだと思う、と伝えた。最後まで気持ちを伝えてもらうことができなかった悔しさは残ってしまうかもしれない。しかし、繰り返し声を掛け「わたし」を気にかけてくれる存在がある、ということは伝わっていたに違いない。

私のところに相談に通ってくれた親御さんの様子を、ひきこもっていた息子さんはその数年間感じていた、と会いに来てからさらに数年たってから話してくれたことがある。つまり、会ってみたい、会わなくちゃ、と思いながらもどうしても身体が動かない。「気持ち・想い」と身体がバラバラになってしまっている。そんな状態にまでなっているかかわりを絶って、苦しく辛い時間を生きている彼らの在り様を受け入れ、想いをめぐらせ、深めていくことが大切だ。これからも、その人を忘れず大切に想い続けることが、あなたにとっての「かかわり」の厚み、深みを育ててくれることになると信じます、と伝えた。

さらにもうひとつ、これは訪問先でのこと。百歳を超えた母親から六〇代の精神障害のある息子についての相談があった。私はケアマネと一緒に自宅を訪問した。相談の中身は「私が死んだあとの息子の暮らし」についての心配だった。息子はきちんと精神科クリニックに通院しているし、地域の相談事業所にもつながり、居場所も支援もしっかり得られている、精神保健福祉手帳も障害年金も手にしている。心配の中身の核心は、貯えを使い果たしたあと、息子名義になる住み慣れたこの家に、生活保護を受けることになったとしても家を売却させられることなく住み続けることができるでしょうか、というものだった。まだ母親は耳は遠いがしっかりしており、そうした事態になるのは相当先のことなりそうだと考え、制度の変更もあるでしょうし、周囲の者たちが息子さんと支え合って生き合っていくことをお伝えした。

「ところでもうひとつお尋ねしたいのです」と始まった質問がある。「うちの息子は本当に障害があるのでしょうか、あなたはどう思われますか?」。正直「えっ?」という感じで、ちょっとびっくりした。しかしそう尋ねる百歳を超える母親にとっては、息子さんは、まったく「普通」で「異常がない」のである。だってそうだろう、息子とのかかわりのパターンが整えられて、作り上げられているのだから。すべてが当たり前に順調にやり取りできるように積み上げられてきた「かかわり方」がある。「うん」とうなずけばそれですべてが通じる。

この質問で、すべての家庭の中に独特に出来上がっているコミュニケーションの在り様があるのだ、と気付かされた。どこの家庭も固有の型を作り上げて持っている。それが「当たり前」なのだからそれ以外が「異常」、あの人たちはおかしいということになるわけだ。

違うこと、多様であることを受け入れることの難しさを実感する。それでもなお、懲りずに個々のパターンを越え、仲間として生き合うパターンに向かいたい。

あとがき――自己責任の前に

「ひきこもり」問題とは、自分の部屋に閉じこもって出てこない若者がいる、ということから始まった。「登校拒否」と当時言われていた、「学校に行かない、行けない」子どもたちの延長線上の話のように語られていた時代だった。「社会的ひきこもり」と言われ、思春期の若者特有の問題として語られた。精神科医の斎藤環氏が同名の本を一九九八年に出版し、状態像を定義づけした。当初は若者問題であり、その個人のもつ特性としての個別の問題として捉えて対応が考えられた。すごく狭い捉え方だった。

現在は「ひきこもり問題」と言うよりも、八〇五〇問題と言われるようになっていることが、「ひきこもり問題」を指している。「八〇五〇問題」とは、八〇代の親のもとに、五〇代の子どもがひきこもっている状態を言う。数年前から「中高年齢化するひきこもり」が問題にされだした。もっと以前から、そうした存在に対する支援の必要性が語られていたが、無視されてきた。それは「ひきこもり問題」は若者問題であり、行政の対応が二九歳まで、三四歳まで、三九歳まで、と「若者」と定義する年齢を引き上げて対応してきたが、年齢によって限定されてしまっていて、その年齢以上の人には対応しない、としてきてしまったところにも現われている。

最大の間違いは、個人の問題として捉えてきたことである。地域若者サポートステーション（「職業的自立」を促すために全国に設置された相談窓口）によって、「就労」に向かわせる取り組みが強化されてきた。このことからもわかるように、「ひきこもり問題」の解決は、本人を外界とつなげ働かせることだ、と考えられてきた。しかしこの本で述べてきたように、ひきこもるという現象は、個人の問題として起きているのではなく、周囲・環境との「関係」の中で生まれてきているのだ。そのことに対応できるまでに、二〇年近くを要している。では、ひきこもる個人の問題ではないとしたら「その家族の問題」なのだろうか。

この国では「親の顔が見たいものだ」という言い方を平気でしてきた。いくつになっても、子どもの「犯罪」で親が謝罪させられてきた。だからか、お国の事務次官という官僚の最高位を務めた人までが、ひきこもる息子を他害の恐れがあるからと自身の手で殺める事件が起きた。あたかも「自己責任」を果たしたように振る舞っている姿に、あまりの社会性のなさ、社会資源から切れた「生き合う、助け合う、頼り合う関係」への感覚のなさに愕然とさせられる。社会・共同体の問題として、広く深く、これからを生きようとしている人たちと、どんな共同、社会を私たちがつくり出していけるのかを考えることが必要なのに、「恐れ」に基づいて生命を奪ってしまうことなど、到底容認できない。しかし、この国の在り様を象徴する事件ではある。こんなにまで、間違えてきてしまっているのだ。そのことに気づく時が来ている。

いままた「自助」だ、まずは自己責任だ、と言っている政治家がいる。共助・公助をこそ保証する状況、環境づくりに責任をもつはずの政治家が「自助」を語る。何と無責任なことか。

自己責任を言われる中で、当事者たちは、本当はこう言いたいけどきっと通じないと思うと飲み込んでしまう。もういいや、面倒くさい、と思ってしまう。どうしていいか「わからなくなってしまう自分になりたくない」。自分がわからなくなる恐怖に襲われる。現象の解消に追われて、どこか逃げている気持ちもありながら「気持ち・想い」に蓋(ふた)をしてきた。気持ちが合わず、バラバラに生きている。気持ちが合っていない。合うことがない。「どうしてもそう考えてしまう」「こうしかできない」と訴えられた時、「そうか苦しいね」と「気持ち・想い」への共感を示すことができない。「こうしたら」という具体の行動を提案する言葉も、態度や口調が上から目線で二重三重に否定してしまうことになっている。ひどく「苦しい」という「その気持ち」を受け止め、感じ合えることを伝える。そのことが最もできていない。

子どもはたくさんの愚痴を聞かされて育つ。両親や、家族の言葉のやり取りや、その時々の姿、態度を見せられ続けてきた。その中で多くを感じ、考え、「わたし」はどう振る舞えばいいかに戸惑いながら、家族という「共同体」を生きてきた。

家や部屋に閉じこもり、友人・知人や社会(共同体)とのかかわりを断っている状態を「ひきこもり」と呼んでいるが、実態は「気持ち」も「身体」も動かない、「身動きが取れなくなっている」状態なのだ。その理由もよくわからず、父のせい、母のせい、自分のせい……。いろいろと考え、何も選択出来なくなってへたり込み困り果てている。それは、両親の生き様や関係の在り様、これまでの社会や時代の在り様を映している姿だ。身動きできなくなっている彼らを知ることで、私たちの犯してきた間違いを知ることが出来る。それは「かかわりあうことの貧しさ」である。

家族内、世帯内の「恥」は外に出さない。出してはならない。家族の恥は世間にさらさないという不文律がある。小さな「家族」がとても強く意識され、大きな「家族」としての「共同体(コミュニティ)」が存在感を薄くしてきた時代・社会の中で、助け合う、頼り合う、という関係が、つくられなくなってしまった。

隣の家はライバル。学校でも隣の席はライバル。という風潮がごくごく当たり前になって、「競い合う『共同』」の中に置かれるようにされてきた時代・社会であった。

ひきこもらせてきた社会が、「ひきこもり」問題を個人の問題として、家族の問題としてきた。この問題は、官僚や政治家にまで共通する「国家」という枠組みの中の男（父親）・女（母親）の保守的なとらえ方に対し、根源的な問題として、すべての人に社会、共同の在り様を呈しているように思える。

自助・自己責任という言葉のもとに、自己支配（自分で何とかしろ）を求める共同。さらに、もし失敗したらそれも自分で引き受けろ、という危機管理思考の徹底を求める共同。

共同したくても、とても共同できない。仲間になり得ない共同、社会づくりが続けられてきたのではないか。先に家族どうしが「いがみ合わされ」ていると書いた。ひとり一人の「気持ち・想い」をないがしろにして、「家族おもい」を踏みにじり、仲間という共同性を育てることを放棄して、plan・do・check して役割の中に閉じ込める。効率と合理性に「いのち」を追い立て、深呼吸することを許さずにきたのではないか。辛さ、苦しさに寄り添い、弱さを共有し、共感することを忘れさせた共同社会を生かされてきた。もの・こと、他者にかかわることとの大切さ、楽しさ。生き合う共同性を育み、抱き合い、溶け合う、豊かなかかわりの中に生きることを許されずにきた。

日本という、現在（いま）ここにある共同・社会自体が、あなたに、わたしに、そうした生き方を強要してきたのではないか。

あとがきのあと――不自然であることを越えて

どう生きたらいいか。悩み、戸惑い、生き苦しく、窮屈な状況に在る人たちと向き合い、彼らとの共振を深めてきた。ウロウロと一緒に戸惑う「わたし」の「気持ち・想い」の右往左往について書いてみた。

そして見えてきたのは、求められることに応えられない「気持ち・想い」の状況だ。確固と自立した個人、自助・自己責任の果たせる市民であることを求められてきたし、現在も求められ続けている。しかし「わたし（たち）」は論理的・合理的な考え方や、行動規範によって生きているのではなく、「気持ち・想い」といった、不安定で、バラバラで、その時々の状態・状況によって振り回される情緒的なものをベースにして生きている。だから、気分が悪かったりのらなかったりすれば、身動きが取れなくなってしまう存在だ。「いつも」「同じように」できるわけではない。にもかかわらず、「常にできること」を求められてきた。「できないこと」は良くないことであり、できるようになるために努力しなければならない。努力しないことは怠けていることだ。ただ「あるがまま」を生きていたいのだが、それは許されない。私は、「できない」ことをなんとかしようと努めてきた人たちの話を、広く深く話を聴かせてもらってきた。

多くの人たちが素直で生真面目で優しい人たちだった。だからこそ、社会的役割を果たすことに懸命になり、世間の目を気にしながら、弱音を吐くことをこらえてきた。歯を食いしばり、期待に応えるために前向きに、と頑張ってきてしまった人たちなのだ。

不自然であることに気付きながらも、人工化の進む社会の中で、自然の一片としての歓びや悲しみに蓋をして近代化を支えてきた。そんな人たちが現在、どうしたらいいか悩み、迷い、行き詰まりだしている。

コロナ禍の中で「新しい日常」を生きることの必要が語られている。

現在こそ、転換のチャンスである。

生き合う、とは、抱き合うこと。分かち合い、求め合うこと。支え合い、頼り合うことだ。握手しているとき、「わたし」の手は握っていて、握られている。同じように、抱き合っているとき、抱いているんだが、抱かれている。それが「生き合う」ということであり、そのかかわる「気持ち」と身体の交感の中に、「いのち」が存在しているのだ。想うとか、信じる、考える、念じる、願う、祈るということは、すべて非合理的な、ぼんやりした不確定なものでしかない。しかし、不合理で不確定なものなしでは生きられない。それが「あるがまま」自然である、ということだ。

生き合うとは、非難したり、否定したりすることではない。認め合い、肯定して、違っている、多様であることを受け入れていくことだ。

「わたし」は「あなた」なくしては存在しない。

「あなた」と抱き合い、分かち合い、生き合おうとすることで、存在できている。

吹き抜けるいのちの風

一人露天風呂に浸る
大地の恵みに　全身が沈む

悠然と流れる大きな雲
青空に沸き立つ雲たち

吹く風にサラサラと紅葉たちが
湯殿に　舞い落ちる

さえずりが飛びかい
キセキレイが尾を振って岩を渡る

突然、強い風が樹を激しく揺らし吹き抜ける
猫バスか**?!**

確かにいま　走り抜けていった。

湯の流れ入る音を背に　空を見上げる
五感が　満ちる
これが　日常であってほしい

最後まで読んでくださって、ありがとうございました。

わたしはあなたに、出会うことができたでしょうか。

ぜひ、直接お会いできる機会をえて、あなたの「気持ち・想い」を聴かせてもらえたら嬉しいです。

戸惑いながら、生き合える日々を求めて、ウロウロし続けていこうと思います。

最後に、私がいつも肝に銘じている中村哲さん（医師、ペシャワール会現地代表）の言葉を贈ります。

「（何ができるかではなく、今）何をしてはならないか（を熟考すべきだ）」

（カッコ内は筆者補足）

コロナ禍、ご自愛ください。

拙著の出版にご協力いただいた皆さん、そして読んで下さった皆さん、ありがとうございました。

二〇二一年二月　しら波の立つ海風の中で

明石 紀久男

●著者プロフィール
明石紀久男（あかし・きくお）
1950年生まれ。1998年から「不登校児童やひきこもり者」とその家族の相談を始め、2001年からフリースペース遊悠楽舎を開設（ＮＰＯ法人、現在代表理事）。08年から横浜市の若者支援施設で相談員、11年に始まった内閣府のモデル事業・パーソナルサポートサービス（横浜市）に関わり、その後設立された一般社団法人インクルージョンネットかながわの理事。15年度から鎌倉市の生活困窮者自立相談支援事業「インクル相談室・鎌倉」の主任相談員。「space ぷらっと大船」で子どもたちの学習支援・居場所と同時に食事の提供も行っている。心理カウンセラー。家族全体を幅広く応援。
遊悠楽舎＝ http://yuyugakusha.org/index.php

・本文写真＝新津岳洋
・編集協力＝田代美花

親をおりる――「ひきこもり」支援の現場から

2021年3月16日　初版第一刷

著　者　明石紀久男 ©2021
発行者　河野和憲
発行所　株式会社 彩流社
〒101-0051　東京都千代田区神田神保町3-10　大行ビル6階
電話　03-3234-5931
FAX　03-3234-5932
http://www.sairyusha.co.jp/

編　集　出口綾子
装　丁　仁川範子
印刷　モリモト印刷株式会社
製本　株式会社難波製本

Printed in Japan　ISBN978-4-7791-2735-9　C0036
定価はカバーに表示してあります。乱丁・落丁本はお取り替えいたします。